京都の空間遺産

社寺に隠された野望のかたち、夢のあと

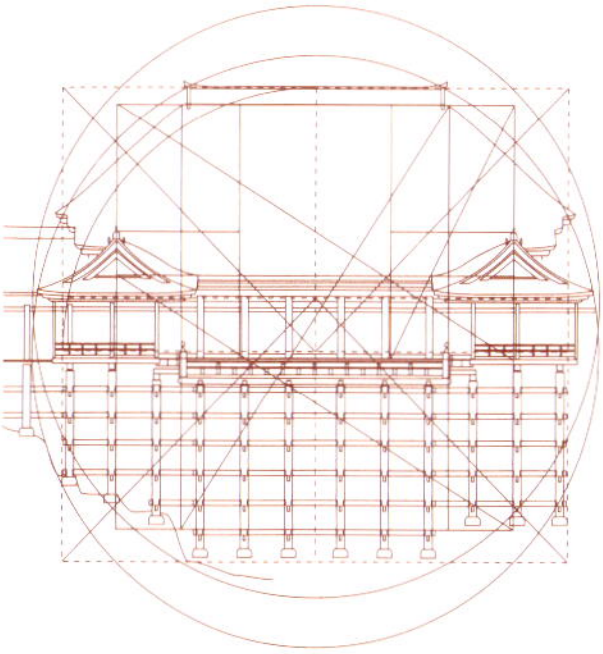

大森正夫

淡交社

世界遺産が問いかけること

藤川桂介

大自然を切り取る美の構図などという、大胆極まりないことを、一体誰が考え出したのだろうか。しかもそれには、うつろいやすいものをおしとどめておきたいという、切なる願いさえも聞こえてきます。

それはわが国の文化の根底に流れている、美のコンセプトであり、千年の古都に今なお受け継がれてきている文化のコンセプトでもあったのではないでしょうか。

もののあわれを慈しみながら、うつろいやすいものを、執拗なくらいに押しとどめておこうとした、極めて人間くさい無謀な試みに没頭した文化の担い手たちは、常にその時代の覇者でありながら、この世の宿命からは絶対に逃れられないということを、実感している者たちでもあったのです。

憧れつづけ、求めつづけている永遠なるもの…、それは美の中にこそ存在するのだということを知った彼らは、うつろいやすいもののすべてを、美の構図の中におしとどめようとしていきました。

それは実に大胆で、無謀な試みでしたが、祈りにも似た極めて繊細な、悲願にも似たものでもあったのです。しかし…実はそれこそが、うつろいやすい存在にすぎない、彼ら自身の、生存証明そのものでもあったのではないでしょうか。

こうしたわが国の、さまざまな美の構図に秘められている謎めいた仕掛けを、大森正夫さんは、その奇抜な着眼と発想で解き明かしてくれました。いつもわたしを、さまざまな知識と雑学を織り交ぜた冗談話で煙にまいてしまう、まさに出逢いの達人なのですが、今回はその著作で、大いにわたしを惑わせ、考えさせるつもりなのでしょうか。

わが国の文化の担い手たちは、彼らを包み込む大自然さえも、うつろいやすいものとして捉え、連なる峰の起伏にも、宮《きゅう》、商《しょう》、角《かく》、微《び》、羽《う》の極楽浄土の五旋律の調べを感じながら、その麓に流れる大河も厭離穢土《おんりえど》との結界として捉えていたといいます。

その彼方に存在するであろう永遠なるもの…。

神仏に帰依《きえ》していった彼らは、隠棲《いんせい》の場の此岸《しがん》と彼岸《ひがん》を繋ぐ反《そ》り橋にさえも、祈りを籠めた未生《みしょう》の美を、この世のものとして表現しようとしていました。

壮大な感性と、繊細な感性とを併せ持った、わが国古来の美の表現の姿が、古都・京都には数限りなく存在しています。しかしそれは、見ようとしない者には何も見えないし、探そうとしない者には何も探し出せないようです。日本文化の原点である美の世界に存在する、謎めいた数々の仕掛けを、今度はあなたが解明する番ではないでしょうか。

（作家・脚本家）

目次

ブックデザイン　佐々木まなび・野城智（goodman inc.）

はじめに

「わ」美の饗宴

京都は美しいのでしょうか。

京都に心惹かれ、訪《おとず》れ、魅了され、なごみ、そして憶《おも》いが募り、再び訪《たず》ねる。京都への訪問は、他のまちとは少し異なったループが心に描かれているように思います。確認したい衝動に駆られ上洛し、目のあたりにして沁み入る感覚が離れなくなり、幾度となく訪れたくなるのは、尋《たず》ねて訊《たず》ねても訪ねたくなるものがあるからではないでしょうか。しかし、どうしてそこまで惹きつけ、そして和《なご》めるのか。

感動するものが美しいとは限りません。美しいものが魅力的なわけでもありません。それでも私たちが京都の魅力に心惹かれるのは、京都に美しさとは違う何かを感じているからでしょう。

絵にも描《か》けない美しさ、言葉にもならない感動、声もでない驚き、我を忘れる出合いがある

ことを、私も知っています。目に見えているのに描《えが》けない、写真を撮っても収められないものとは何でしょう。それは、場の有《も》つ気、気配です。一般的には「空間」といっています。私たちは京都で出合える社寺や美術品の数々の素晴らしさを本やテレビや美術館で知っています。それでも訪れるのは、行かなければ分からない魅力をすでに感じ取っているからでしょう。そして、そこで魅了されるのは、個々の建物や草木や芸術的造形の数々ではなく、その場での体験が覚《おぼ》える直感です。京都には、私たちの全身全霊の傾けを促す心地よい場が幾つもあるのです。心身ともに和《やわ》らげられた時、意識の殻が溶解し、本来の生への受動がはじまるのです。それを促すのは、平安京の町並みや社寺や町家などの建物、名勝庭園の数々、すなわち対象化《オブジエ》できるものではないのです。目に映る像に対する意識の操作を芸術の目的とするのであれば、京都のそれは芸術ではないでしょう。

私はモノが、物としてではなく、最《も》のとして、そして者《もの》としても見えつつ消えていった時に現れる京都に生きた人々の想いの強さに身震いします。私たちを惹きつけるのは、モノでも空間でもありません。そのモノを生み出した人々の想いと重い歴史です。そして何より私たちの足元が、その上に成り立っているということを実感できることです。魅力とは、私の中に潜む私との出会いを求める衝動なのかもしれません。

潔さ、とは引きずらずに切ること。潔く断ち切ることは余情を生み、そこに想念を派生させます。詩歌、やまと絵、能楽に限らずすべての歌舞音曲、さらにはいけばな、茶の湯などでの作法、そして家屋の床《ゆか》のつくりまで、連続する表現に見られる切断のかたちを確認してほしいのです。そして、切断の至極に心を奪わさない抜きでの和《やわ》らげに力強い優しさを見てほしいのです。切ることによって緊張感を連続させていく断続の構築を敢えて和《あ》える、そこに在るのが日本の「わ」の美です。

本書では、京都にある数多くの名空間を代表して世界文化遺産に登録された社寺の半数程度を任意に選び、建造物に込められた素晴らしい日本的技巧を足がかりに、造形意図に潜む言語化を拒む日本的思考について僅かながら読み解いてみました。明治以降、空間は物ではない故に美の対象にもなりませんでした。京都の魅力も空間論的に語ると違和感があるかもしれません。

写真もなく社寺史も不十分ですが、お手元の京都本を片手に本書をお読みいただき、現地へ赴き、これまでとは少し異なる京都を体感していただければ幸いです。そして、造形に携わる人は、ここで示した技術が転用不能であることも察していただきたい。

美しいのが当然とされる京都においては、美しさは造形の目的にはなりません。しかし、美しくなければ至極の感性は和《なご》めません。京都でなければ和《やわ》らげない私たちがいる限り、京都は美しいのです。

CGイラスト　京都嵯峨芸術大学　大森研究室

京都の空間遺産

東寺《とうじ》

教王護国寺《きょうおうごこくじ》

一二〇〇年もの時を越え、都の盛衰をともにし、平安京の面影を残す唯一の遺構が、東寺である。創建時の姿とされる伽藍《がらん》の配置は、平安京の南の端に近い九条通に沿って重厚な築地塀《ついじべい》に囲まれている。濠に掛かる石橋を渡り勇壮な南大門を通り抜けると、官寺としての威厳を放つ金堂が迎えてくれる。そして、日本一の高さを誇る五重塔と空海哲学の結晶・立体曼荼羅《まんだら》を包み込む講堂は、当時の趣を体感できる空間として今もなお京の都に遺風を放つ。

東寺は、西寺《さいじ》とともに平安京の玄関・羅城門《らじょうもん》の東西に造営されていた。奈良での経験をもとに*桓武天皇が平安京内に認めた寺院は、国の鎮護と国家安泰を担う東西二つの官寺のみであった。東寺建設に着手したのは平安京遷都の二年後、薬師三尊像を祀る金堂からであり、その屋根は大極殿と同等の扱いを意味する緑釉瓦で葺かれていたという。しかし、度重なる遷都や蝦夷《えみし》征伐への出費などで朝廷の財源は困窮していたため、建設は滞っていた。

伽藍が本格的に造営されたのは、桓武天皇の皇子・*嵯峨天皇の御代となってからである。嵯峨天皇は東寺を*空海に下賜し、再建を託した。では、なぜ空海だったのか。それは、その頃朝廷でブームになっていた密教の伝道者としてだけでなく、漢文学・詩歌・書道などの後世の日本文化の礎を築くことになる豊かな教養人であり、集金や最新の土木技術などの手腕に長けていた人物であったため、天皇は信頼し、その重い任を与えたのであろう。

空海は、密教の深遠な教えは言葉だけでは説明ができないと考え、数々の法具とともに胎蔵界《たいぞうかい》と金剛界《こんごうかい》の一対からなる両界《りょうかい》曼荼羅《まんだら》も持ち帰っていた。そして、東寺建設においてはじめに着手したのが、大日如来像の周りに諸仏を配して金剛界曼荼羅の立体宇宙を創出する講堂であった。平面図像としてあらわした曼荼羅という密教教学の根本界を建築空間に造り上げたのである。

空海の絶大な人気も手伝い、東寺は真言密教の根本道場として皇族から庶民まで幅広い信仰を集め、盛衰と再建を繰り返しながらも空海は「弘法さん」として今日も親しまれている。

象徴するランドマーク

信仰に潜む巨大な「門」と「結界」

方形の都城、均等な条坊制、東西対称の施設配置、中央北詰めの大内裏《だいだいり》*。平安京には唐・長安に似た構造は多い。しかし、この似て非なる独自性にこそ大陸の都市構成にはない魅力と、都としての生き続ける条件を見ることができる。

不動の北極星を基点とする大陸の帝王観念とは異なり、平安京は朱雀大路《すざくおおじ》を貫く都の中心線上に内裏は構えていない。心臓部である大内裏の中心に配したのは、政務を執り行う朝堂院であり、正面の大極殿《だいごくでん》である。天皇の寝所・内裏は、北東にそれている。その上、平安の都に城壁はない。

領域を規定したのは、壁ではなく象徴であり、自然である。大陸のように騎馬民族などの侵攻を防ぐ必要がなかったからだけではなく、この都の作為は、領域さえも城壁などの実体で規定せず、象徴としてのきっかけを設けるところに特徴がある。

さらに、古代都城に共通とされる碁盤目の条坊制は、外郭からの均等地割ではない。一区画・四十丈四方の町を一定とする割り付けになっている。これは、平城京などの路間で分割するグリッド*優先ではなく、均一の升を幅員の違う路で連結していくユニット優先の計画であることを意味している。平安京が徐々に洛外へ拡張していけたのは、壊れながらも安定へ向けて増殖する不滅のメカニズムになっていたからである。ただし、増殖したのは双《ならび》ヶ丘、船岡山、吉田山の盆地内丘陵の外ではあるものの、東山から宇治、花園から嵯峨なども、

桓武天皇
737－806年。光仁天皇の第1皇子。長岡京造営、平城京遷都、蝦夷征伐、宗教界の統制、最澄・空海の登用など、見るべき事績が多い。

嵯峨天皇
786－842年。桓武天皇の第2皇子。空海、橘逸勢とともに三筆の一人。

空海
774－835年。唐の密教僧・恵果に学び、帰国後に真言密教を確立。

大内裏
平安京の中央北部に位置した東西約1174m、南北約1393mの皇城。中には皇居である内裏、朝堂院などの二官八省、そして宴用の広場があった。

グリッド
Grid。この場合は直交する格子状グリッドのことをいう。一定寸法または角度（基準単位）で領域を捉えるレイアウトシステムのこと。

都を外巻きに包む山裾に沿ってのことである。この洛外整備こそが平安京を都としての永きにわたる安定を築いた秘策である。結果的に「洛中洛外」という呼称で定着する希有な自然生成型の都市プランは、このシステムなくしてはありえなかったであろう。

平城京を後にした桓武天皇が、既に開けていた山背国《やましろ》を山城国《やましろ》に改称した時、日本の美意識は方向づけられたのかもしれない。私たちの生活を包み込む自然風土そのものに城塞としての資産を汲み、それまでの都城建設を委ねていた渡来系の東漢氏《やまとのあやうじ》ではなく、*和気清麻呂《わけのきよまろ》に遷都をまかせ、この自然の成りを造営の規範にしたのである。

起点が不動の眼差しによって定められた時、延長してゆく視線は幾重もの峰を超え無限の世界へと拡張していくのである。平安京に空高く聳えた二つの巨塔は紛れもなく遠方からの客人に都の威厳を示し、毅然たる「門」と「結界」を告知した。

平安京は東に青龍《せいりゆう》にあたる清流・鴨川、西に白虎《びやつこ》にあたる大道・山陰道を控え、南に朱雀にあたる沢畔・巨椋池《おぐらいけ》、北に玄武《げんぶ》にあたる丘陵・船岡山が配された四神相応*に恵まれた類い稀な地相であった。さらに都市軸は小高い丘陵の船岡山に向かうが、その視座は古代よりの陸海の要衝・山崎と淀の津へと続く鳥羽の延長線上である。自然のままに、その枠を捉える術を次代に託したように思えてくる。

そして、平安京の玄関・羅城門の両脇に建っていた二つの巨塔*。都市には位相をつくる装置が必要であり、ヒエラルキーのためにもランドマークは求められる。しかし、これほどまで都に正面性《ファサード》を意識した都城はない。都の入り口に天高く聳《そび》えるツインタワーは、象徴であると同時に正面対峙への威厳と眼差しを遠くへ透かす間隙をつくる。やがて平安京の入り口の二つの塔は、紛れもなく遠方からの客人に威厳を示し、毅然《きぜん》たる「正門」と「結界」を、そして無類の象徴性を告知したであろう。

巨大さはランドマークの条件だが、象徴には造形美を超えた信仰が潜んでいる。日本の都市において、単調明晰な軸や左右対称のシンメトリーへの執着はない。複数の視点、価値軸を享受し、破調にこそ安定感を覚える感性は、大陸の新技術を消化する力とともに自然を手本にしようとする美意識の現れともいえる。微かな象徴のカタチに心奪われるところから、残像を辿《たど》れぬところまで、それが平安京の領域である。

和気清麻呂
733－799年。奈良時代末期から平安時代初期の貴族。備前国藤野郡（現在の岡山県和気郡和気町）出身。桓武天皇に遷都を進言。

二つの巨塔
羅城門の左右に創建された東寺と西寺は、五重塔をもつ同規模の大伽藍であった。両寺とも焼失するが、官寺のみの役割だった西寺は朝廷の衰退により再建されず、弘法信仰の拠点であった東寺は幾度も再建されている。

四神相応
東西南北の青龍、白虎、朱雀、玄武（四神）に川、大道、湖、山がある地のこと。

和の勾配は宮美《みやび》の弧

天を奏でる都の聖線

隋唐文化の時代に挑んだ無装飾の和様建築*は近景に重く、遠景に雅《みやび》な姿で優しく包んでくれる。都を見守ってきた塔の形式は、釈迦の仏舎利を安置供養する施設としてインドに造られたものが発端である。しかし、石積みから始まった文化と柱立から始まった文化とでは姿の類似に意味までを継承させる必要はない。起源と形姿は受け継ぎながらも独自の民族的特性によって昇華されたものしか時代は受け入れず、歴史にも残らない。影響のみで造形され、伝承のみで感動できるものではない。

大陸の建築は大地から積み上げ、できうる限りの力を尽くし天へと近づく。人間としての知力誇示であり、自然を征服する使者としての責務であろう。しかし日本では、太古の昔より巨木を立て、その柱を依《よ》り代《しろ》に天を引

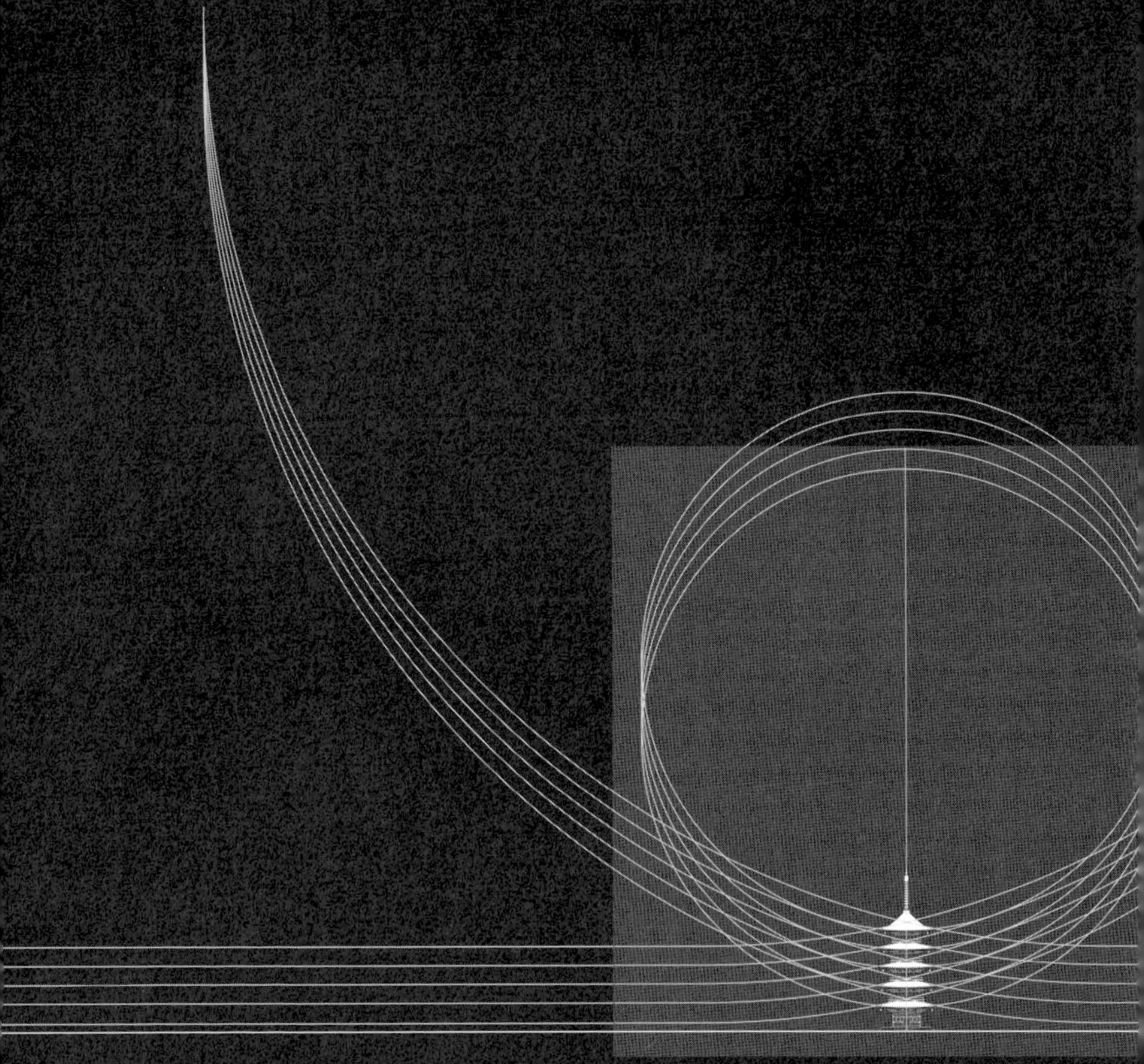

重層化された勾配屋根と軒先は、穏やかな撓み曲線を描いている。五重塔は天へと伸びる力にも増して、都の四方に流れ、大地広くに波及する。屋根から拡がる延長線は空中に大きな弧を描き、強力な磁場の如くに都大路の空を覆い尽くしていた。東寺の塔は、かつてほどの姿は見えない今も時空を超えて「京」を支え、包み込む。

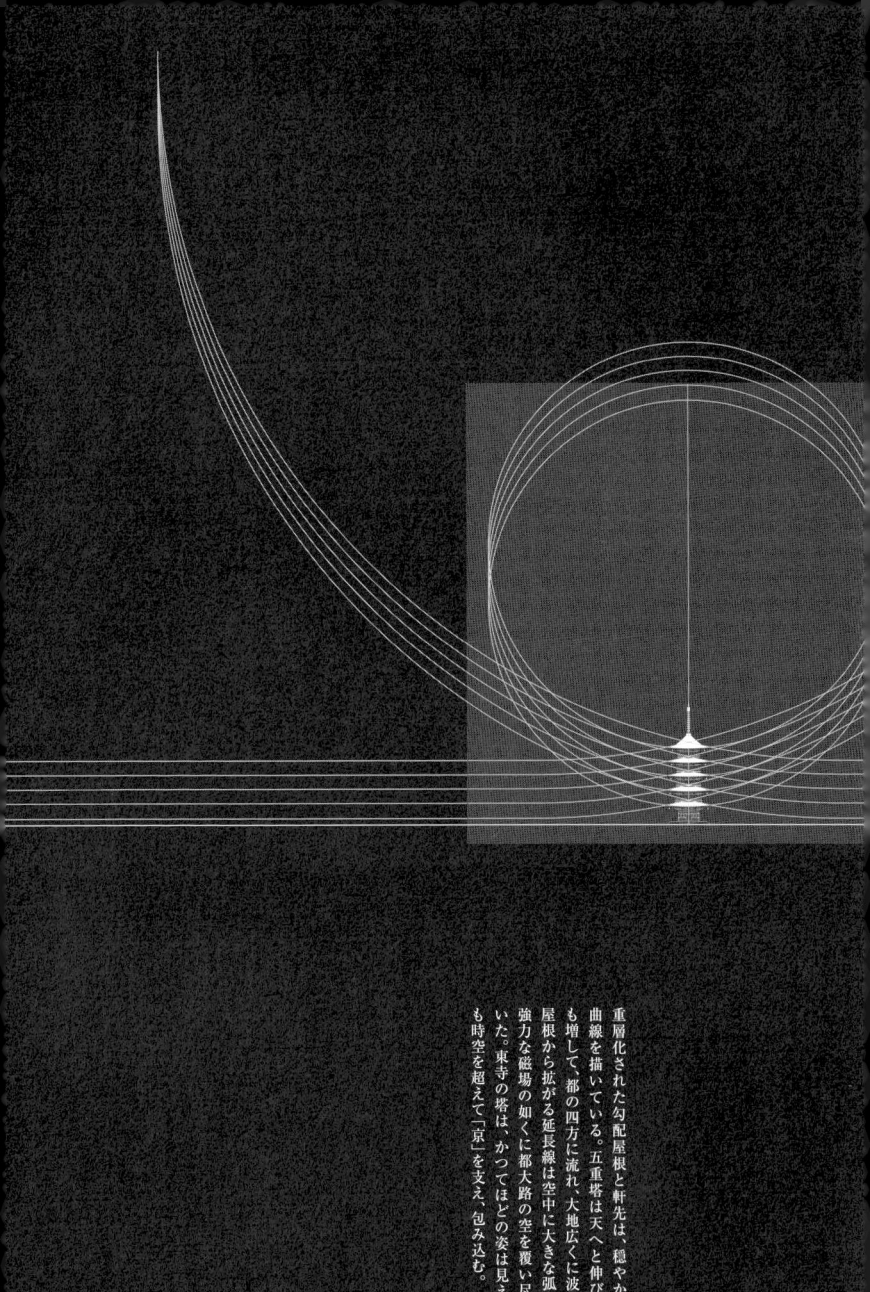

き寄せてきたのである。日本は天の滴《しずく》からできた国なのであり、こちらから天に向かわずとも天は降りてくるのである。それゆえに造らねばならないのは、引き寄せるために天へ届ける垂直の存在と、招き入れるための呼びかけである。この世を安泰させ、皆に平安を与え御仏を祀る場所には、天から聖なるものを招かねばならない。

空海は、五重塔内の空間にも両界曼荼羅《りょうかいまんだら》を表現した。*金剛界四仏の像を安置した上で、四天柱の西二本に金剛界四仏を、東二本に*胎蔵界四仏を描き、そして中央の「心柱《しんばしら》」を大日如来とした。建築形式による苦肉の策だったのかもしれないが、大日如来像を安置せず、日本古来の柱信仰と密教を結びつけ、心柱、さらには五重塔そのものを大日如来に重ね合わせるところに空海の超然性は現れている。そして、日本の塔は大掛かりな楼閣建築になっても、人を上らせないという構造が特徴としてある。それは塔に仏(聖なるもの)が降臨し、また飛翔する「柱」的な聖性を拭えなかったからであろう。その象徴性を超えた聖性をも同化させる密教思想に多くの都人は心の安寧を託していくのも当然であろう。それでも塔は高さを競い、巨木を立ち上げるだけではない、高さに挑んだ造作だけではない楼閣という形式が平安京には必要であった。

日本の塔には、積み上げていく重量感でも、上昇していく軽やかさでもなく、心柱へ向けての求心性を強く感じるのである。軽やかに舞い踊る外来舞踏ではなく、重心を低く立ち回る伝統武芸のように、鋭利さと可憐さを秘めた重厚感を感じるのである。

和洋建築
鎌倉時代に伝来した唐様・天竺様に対する伝統的な建築様式。細い柱、低めの天井、床を張る、縁側、長押(なげし)、蟇股(かえるまた)などの装飾がある。

金剛界四仏
阿閦如来・宝生如来・不空成就如来・観自在王如来
胎蔵界四仏
宝幢如来、開敷華王如来、無量寿如来、天鼓雷音如来

塔の上にある相輪《そうりん》に目を向けたことがあるだろうか。相輪が建物の全景と比しても長いのは、塔の軸組とも加重とも無関係な心柱が九輪《くりん》の重圧を支えながらも天への飛翔性を担っているためである。そして、日本の塔を屋根の重なりとして見てはいないだろうか。各階を積み上げている壁面が目に入らず、稜線が深く、三手先斗栱《みてさきときょう》と高欄《こうらん》で塔身は姿を消していく。また、屋根の軒が描く線を辿ったことがあるだろうか。緩やかな撓《たわ》み曲線を描く屋根勾配と両端で曲率を変える軒先の反《そ》りが、幾重もの稜線を描きながら遠く遥かな都の地までも覆い包むように見えてくる。五重塔は天へと伸びる力にも増して、都の四方に流れ、大地を広く見晴るかす延長を持った形なのである。

さらに、楼閣でもある五重塔は、天高く力強く伸びゆく延伸性と、遍《あまね》く天空へと拡散する遠心性を担わねばならない。五重に重なる屋根から拡がる延長線は空中に大きな弧を描き、水引のような強力な磁場を都大路の空に放っていたであろう。遥か遠くから仰ぎ見るための象徴性だけでなく、天から舞い降りる指標でもあり、都を包む聖線の発信源でもあったのである。空海が、真に伝え残さねばならないものが、空間に込められているのかもしれない。

東寺の塔は、かつてほどの姿は見えない今も時空を越えて「京」を支え、突然の上洛者さえ振*り放《さ》け見る世界に包み込むのである。

相輪
釈迦の遺骨を納める宝珠、竜車、水煙、宝輪、請花、伏鉢、露盤の7つによって構成されている。

九輪
相輪中央部の宝輪のこと。五大如来と四大菩薩をあらわす。

三手先斗栱
柱から肘木と斗（ます）組みを三段出して、丸桁（がぎょう）を支えるもの。金堂や塔に用いられる。

高欄
宮殿や社寺などにある手すり。端が反り曲がっているのが特徴。

振り放け見る
はるか遠くをみること。眼差し。

清水寺《きよみずでら》

音羽山清水寺《おとわさんきよみずでら》

八坂、二年坂、産寧《さんねい》坂、清水坂、五条坂、茶わん坂。清水界隈には坂が多い。幾重もの坂を経てたどり着く地こそ、観音さまが住まわれる補陀落山《ふだらくさん》である。清泉の霊場・清水寺が創建されてより信仰を集め参詣者が絶えないのは、急な坂があるからかもしれない。*観音は、信心からであろうが物見遊山であろうが、この山に登ったすべての者を救済し必ず御利益を与えるという。それゆえか、寺界隈は京都きっての門前町であり、古くから参道脇には茶屋や土産物屋が集まり賑わっている。

その音羽山の聖地、山中の清冽な滝が「金色水《こんじきすい》」と尊ばれてきた音羽の滝であり、その傍らに創建されたのが清水寺である。その開山は古く、奈良時代の末、七七八年にさかのぼる。大和・子島寺《こじまでら》の延鎮上人《えんちんしょうにん》が観音さまのお告げを受け、音羽山中の「清水《きよみず》」が流れ落ちる地にたどり着き、草庵をむすんで修行し、霊木で千手観音像を彫って祀る。その二年後、後の征夷大将軍・坂上田村麻呂が鹿狩りの帰りに延鎮上人に出会い、殺生の非を諭されて深く帰依し、堂舎を建立して本尊の十一面千手観音を安置した。田村麻呂の蝦夷《えみし》征伐や桓武天皇の病気平癒祈願など、霊験あらたかな観音霊場として朝廷から厚遇され、桓武天皇に続く嵯峨天皇の時代には国家鎮護の道場にもなる。しかし、その後の歴史の中で幾度となく京における対立の場ともなり、伽藍《がらん》は焼失と再建を繰り返すことになる。桃山時代の鐘楼《しょうろう》と春日社、室町時代の仁王門と馬駐《うまとどめ》以外は、「清水の舞台」を備えた本堂も含め、現存する三十近くの建造物のほとんどが江戸時代に徳川家光によって再建されたものである。

参詣者で賑わう「清水の舞台」は、都の絶景にひとときを忘れさせる観音の設えた舞台。さらに、境内の三重塔は景観的にも洛中から見た東山連峰にはなくてはならないものになっているが、現代以上に古《いにしえ》の都人にとっては心の拠りどころとしてなくてはならないものだったであろう。

今も昔も、都人は仰ぎ見ては苦から逃れ、慈悲を求めては坂を上り、観音に手を合わせる。

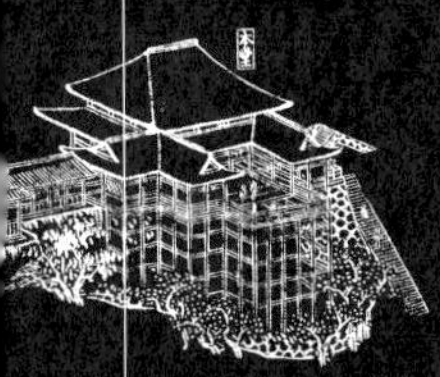

都に放つ観音のしつらえ

黄金矩形の舞台

清水寺の本堂は、南海の補陀落山《ふだらくさん》に住むという本尊の観音にあやかって、山中から南に向いて建つ。清水詣の高まりの中で幾度もの建て直しのたびに大きくなり、やがて舞台は中空にまで競《せ》り出すことになる。本尊に舞楽などを奉納する儀礼は古くからあり、本堂前に舞台を配する構成は平安時代の終わりにはできていたようである。本堂の正面左右に翼廊《よくろう》が張り出し、その間をつないで迫り出ているのが「清水の舞台」である。一瞬にして憂き世の辛苦を忘れ、我を取り戻せるほどに都の風景が一望にできる絶景も、観音のしつらえであろう。

その断崖から競り出したしつらえを支える床を「舞台造」または「懸崖造《けんがいづくり》」という。舞台造とは、断崖に垂直に柱を立て幾条にも縦横に貫《ぬき》*を通し、緊結した柱によって構成するという平坦な場所が少ない山岳伽藍《がらん》で用いる手法であり、最も古い遺構には平安時代末期の三仏寺《さんぶつじ》の投入堂《なげいれどう》（鳥取県）があり、ほかに京都市内の花背には峰定寺《ぶじょうじ》本堂がある。

奥の院からこの舞台の造りを目のあたりにする時、同時に目に入るのは雄大な風景にも勝る檜皮葺《ひわだぶ》*きの大屋根である。平安の優美さを残す意匠ともいわれる、類例を探し得ない洗練された威容さが放たれている。それは、明快な矩形《くけい》ながらも微妙に変化した平面配置を自在に包み込む大胆さと、その大胆さを処理しきる尋常ではない繊細な手腕が醸《かも》すおおらかな緊張感なのである。つい、眼下に広がる都の風景と圧倒的なボ

観音
観世音菩薩のこと。我々を取り巻く環境の一切（音）を観ること。

補陀落山
インドの南海岸にあり、観世音菩薩の住所とされる山のこと。

貫
柱と柱とを貫く横材。

檜皮葺き
檜の樹皮を細かく裂いて葺くこと。寝殿や宮殿に多く用いられる。

リュームで競り出す本堂との絶妙な対比に見とれてしまうが、その余韻に振り向きながらも歩いてたどり着く子安塔《こやすのとう》の手前で本堂は、先ほどとは異なる壮大な物語を語りかけてくる。

正面に見える舞台は、大屋根と懸崖の礎石《そせき》と両翼廊はいくつもの微細な線までもが正方形に納まり、その軒端《のきば》は正円に沿って流れ、接点で剣先を当てるように止めている。檜皮葺きの大屋根も一三九本ともいわれる柱に通された貫での懸崖もそれぞれが同じ法則の方形で複雑に整形され、完璧な天地のシンメトリーを織りなしているのがわかる。そして私が驚いたのは、天地の正円をずらしていることである。大屋根と懸崖は互いに近づいていているのではない。懸崖は大屋根の軒の出を、大屋根は舞台の床を基準に比例を始めている。す

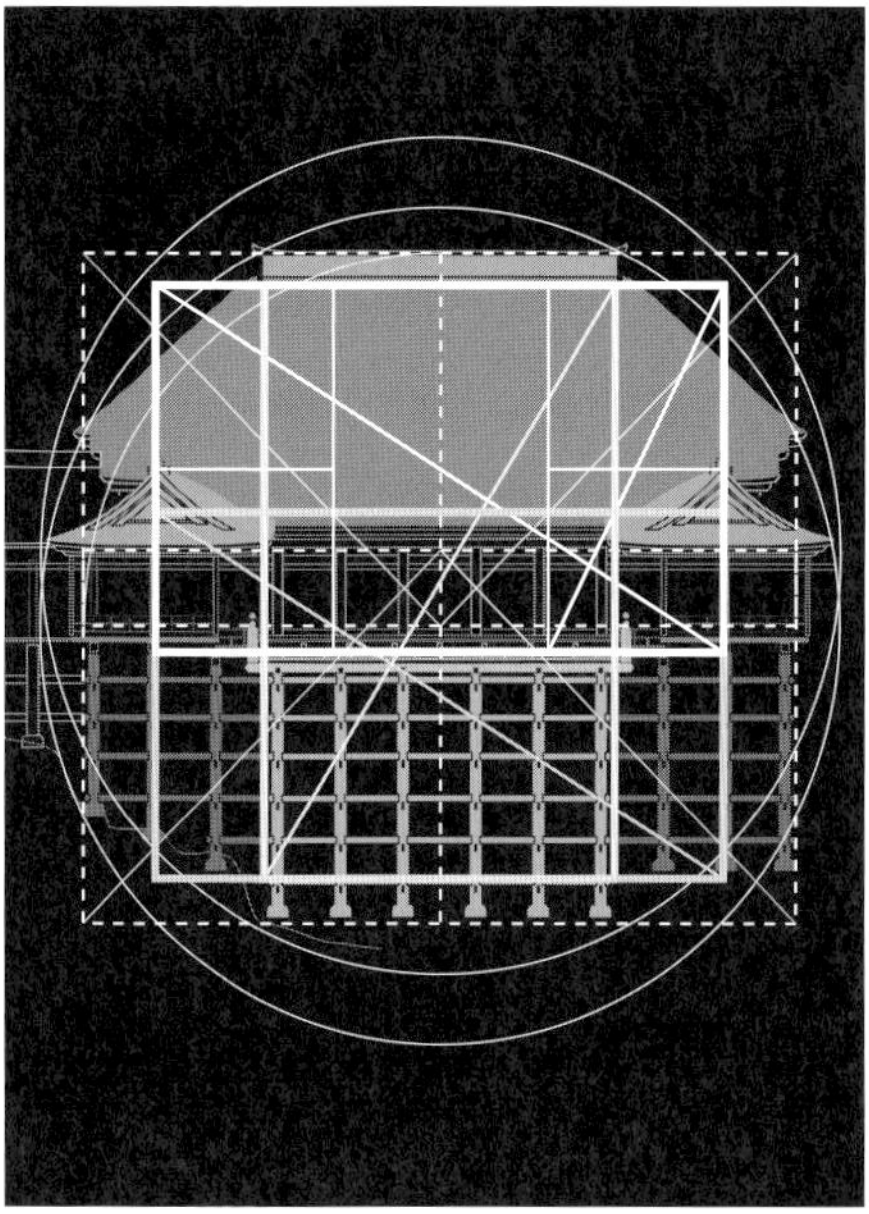

清水詣の高まりは、本堂を再建の度に拡幅させ、やがて舞台は中空にまで競り出していく。しかし、自然の作為に美は宿る。アンバランスな地形の中で幾重もの整形と比例は黄金矩形の安らぎまでも生んでいる。

なわち、舞台の床上で視界を広げ自然と和する人々と観音のためだけに開かれた水平の帯に、天と地からの力が重なり合い、圧倒的な重さで圧縮させながら開くという、ダイナミックなエネルギーのほとばしりを感じるのである。しかも、その両者を本尊へ収斂《しゅうれん》させるのが、棟瓦《むねがわら》の先端と迫り出た舞台端の擬宝珠《ぎぼし》を貫く矩形と、少し迫り出た翼廊の少し上がった床と檜皮の先端を結ぶ矩形である。正方形からは$\sqrt{2}$の比例・*白銀比が生まれる。そして、正形と白銀比で造られた空間を引きつけつなぐ環に*黄金矩形《おうごんくけい》を用いているのである。

振り子のように両極を確かめていたものが振れ止まった時、言葉は出ない。複雑に増築した本堂は、アンバランスな地形の中で幾重もの比例を繰り返し、要《かなめ》と思える箇所は寸分の狂いもなく留っている。さらに自然へと馴化する形も昇華され、人為と自然との完璧なまでの調和が安らぎさえも生んでいる。それはあたかも、恵まれた環境の中で健やかに成長した生命体のように美しく、均整のとれた自然体が現れている。パノラマを見るだけではない風景が見えてくるのは、見えない比例の力なのである。

現世のありのままの「音」を自らの身体で「観」るために、空間が力強く後押ししてくれる。それが清水参詣の魅力である。

白銀比
大和比ともいわれるほど、日本で多く使用されている比率1：$\sqrt{2}$。法隆寺の伽藍からいけばなの基本形、さらには詩歌の5・7字に至るまで幅広く実用されている。

黄金矩形
最も安定した美とされる1：1.618の縦横比を持つ長方形のこと。

相克の照《て》り起《むく》り

舞台の魅力は屋根にあり

境内の南端に建つ子安塔《こやすのとう》からは、仁王門、西門、三重塔、経堂、開山堂、轟門《とどろきもん》、朝倉堂、そして檜皮《ひわだ》で葺《ふ》かれた本堂までもが望める。建物群はリズミカルに音羽山《おとわやま》の稜線に呼応して立ち並び、朱塗りの三重塔と本堂の懸崖《けんがい》とその大屋根はダイナミックなバランスをとりながら都の風景をつくりあげている。

あたり前のように眺め、感慨にひたる時、私たちにはその風景に違和感はない。屋根は重く、その存在性を放ちながら日本各地の風景の中核を担ってきた。屋根の目的が雨露をしのぐためとはいうに及ばないが、それを目的とするにはこだわり過ぎであり、か細い柱で支えるにはあまりに重く常に巨大である。屋根は、屋根の下で行われる多くの営みとは明らかに無関係な発展を遂げてきた歴史をもつ文化の象徴なのである。日本において屋根が本堂の屋根に初雪が積もり「照り起り」が一層微妙になった時、穏やかだった曲面は直線との張り詰めた拮抗を顕にし、美を超えた歴史の重みを投げかける。日本の曲線は拮抗する空間の化身であり、緊張する直線は波動の集積に他ならない。

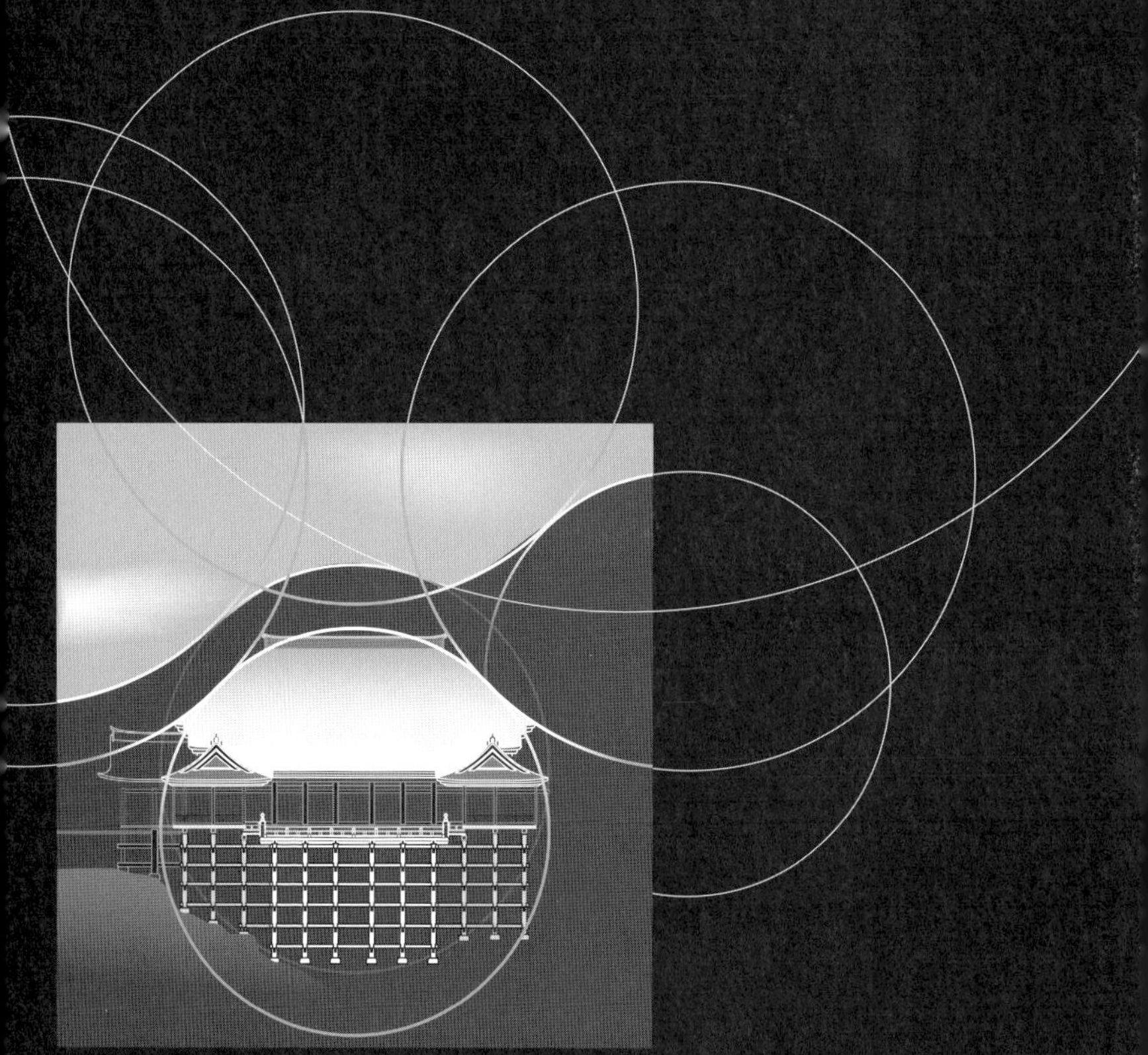

軽視、軽量化され、壁などで造られた*量塊《りょうかい》が屋根以上に存在感を顕《あらわ》にした歴史はない。日本文化は屋根にみることができるのである。それならば、その屋根に日本をみることもできよう。

深い木立の中に精緻な木組みが慄然《りつぜん》と聳《そび》え、音羽山の稜線に重厚な檜皮葺《ひわだぶ》きの屋根が連呼する本堂。その力強い懸崖の直線美が水平線の舞台を浮遊させ、集積する檜皮の曲面美が湾曲する大屋根に沈む。大地からの力と天空からの力という両者のダイナミズムを引き込みながらぶつけあい、その奥底から沸き出す精気を都の中空へと勢いよく放っていく。

ここにも垂直と水平、直線と曲線、量塊《マッス》と架構《スケルトン》、相反する形とのせめぎ合いを敢《あ》えて受け入れ、そこから生まれる緊迫と融和の造形に、日本固有の「わ」の美を見ることができる。そして、この対極を受け入れなじませることが日本人にとっての自然観なのであろう。

生活の中で日常的に使っている湯呑み、汁椀、花瓶、竹籠、家具、調度品など、私たちは身近なものには曲線を好む。これは私たちの肉体に凹凸があり、その連続する湾曲は膨らみとくびれの曲率を変えながら肉体の隅々へつながり、安定したまとまりをつくり出している。また、その動きの軌跡も滑らかにつながり、その優美に流れる所作のつながりをどのような場面においても重要視している。唇の触りにはじまり手指になじんだ生活雑貨に囲まれて育っていれば、物心がつく前から使い慣れた物の形の特性が理屈を超えて目になじむのは当然のことであ

量塊
物質的な一固まりのもの。マッス。定量的大きさのボリュームとは異なる。

ろう。自ずと周辺環境を彩る風物の形に慣れる前に、身体に合った形を求めるのかもしれない。そして、身の回りの手に触れるものだけでなく、都市レベルでのなじみを求めた時、屋根の形が見えてくる。

日本の風景を彩る山々の尾根は、幾重もの緩やかな曲線を描きながら谷へと平地へと滑らかに流れていく。日本の造形に反《そ》り返った「照《て》り」*と、盛り上がった「起《むく》り」*の連続技は多い。東山三十六峰*の連なりは、鴨川をはさんで洛中を包み、都人になじんだ形である。本堂が音羽山に迫り出す時、その形は自ずと周辺の山々になじむものになった。盛り上がり反り返し、盛り上がり反り返す。この調子を大切に屋根は葺かれているのである。

形をなじませるには、周りに対して開きつつも取り込む形が肝要である。屋根の場合、反りは領域に拡がりを与え、起りは形にまとまりを与えてくれる。

山々の曲線も、手触りの良さを求める体質も、日本だけのことではないかもしれない。しかし、日本の自然観は、自然に近づくことではない。自然の中から自然としたい部分を取り出し、自然の形として見せることで、自然をそこに見るようになれるのである。それは、音楽を「曲」といい、「調べ」という文化にも現れていよう。

本堂の屋根に新雪が積もり、照りと起りが一層微妙になった時、穏やかだった曲面は直線との張り詰めた拮抗《きっこう》を顕にし、美を越えた歴史の重みを投げかけるにちがいない。

照り
照りは「反(そ)り」のこと。「てり」は下方に凸となったもの。

起り
「むくり」は上方に凸となったもの。

東山三十六峰
京都盆地の東側にある北の比叡山から南の稲荷山までの総称。

下鴨神社《しもがもじんじゃ》

賀茂御祖神社《かもみおやじんじゃ》

洛北に賀茂川と高野川が合流する三角地帯一体を下鴨と称する。その水に恵まれた三角洲に拡がる原生林の奥に鎮座する下鴨神社は、上賀茂神社と併せて賀茂社と総称し、両社を下社、上社と呼んでいる。歴史は古く、祭神の賀茂建角身命《かもたけつぬみのみこと》が八咫烏《やたがらす》に化身し、後の神武天皇とともに東征した後に居を構えたとされている。

平安時代、京都で「まつり」といえば「賀茂祭（葵祭）」をさすほどに都人への定着は深く、その起源は五三六年にまでさかのぼる。伝説では、欽明天皇が占いによってカモ族の若者に獅子頭を冠らせ、鈴をつけた馬で駆ける走馬《はしりうま》の祭礼を行い、雷雨を鎮めたことにはじまる。それゆえに走馬を中核に賀茂祭が発展した結果、奈良時代には朝廷が脅威を感じるほどに人気が高まり、賀茂社は天平時代に現在の両社へと分割運営されることになる。平安遷都以降、山城国一ノ宮の社格を受け、*嵯峨天皇の御代からは斎王制度も導入され、伊勢神宮につぐ朝廷（国家）の格別な守護神として厚遇される。カモ一族の豊穣祈願祭が山背国の祭りになり、やがて国家平安を祈る日本三大勅祭の雄となった。

この神社には、糺《ただす》の森《もり》という太古の姿を残す原生林がある。『源氏物語』では光源氏が糺の森の御手洗《みたらし》川に臨み、「憂き世をば今ぞ離《わか》るる留《とど》まらむ　名をば糺の神にまかせて」とお祓いを詠んだ場面がある。下鴨神社には「樹下《じゅげ》神事」と称する御祓があり、罪や穢《けが》れを祓うに留まらず、森羅万象すべてからの霊力を得て、心身ともに清浄を保ち苦難を乗り越えようと願う神事なので、流水や湧き出る泉に心身を臨むのである。葵祭に先立つ斎王代の「禊《みそぎ》の儀」も、七月の土用《どよう》の丑《うし》の日に行う「足つけ神事」も御手洗川で行われる。

また、京都の成り立ちに欠かせない渡来氏族にはカモ氏のほかに古代史上最大の秦《はた》氏がいる。その秦氏が水を祀ったことが起源とされる*木嶋《このしま》神社でも同じ丑の日に足つけを行う池がある。この池は現在、「元糺《もとただす》の森」と呼ばれているが、嵯峨天皇の御代で下鴨の地に遷《うつ》される前の「糺の森」である。上賀茂神社の御祭神の母と祖父を祀るのが下鴨神社であるが、父を祀るのは秦氏ゆかりの松尾大社である。賀茂の厳神、松尾の猛霊と称され、ともに国家鎮護の神社であった。

祭りを司る「杜」

「すさび」の森の道行神事

神社とは、一般的に御神体を祀《まつ》るための神殿としての社《やしろ》を指している。しかし本来、カミは祭りの度毎に降臨されるのであり、神の宮に社はいらない。古代の神社にあるのは遥拝所としての拝殿と、禁足地としての領域を重層的に設定する鳥居や注連縄《しめなわ》などのわずかなサインに過ぎない。わたしたちの祖先は、形なき対象への畏敬の姿を行為としてとらえ、大切にしてきた。

神社の「社」は、屋《や》や家《や》の代《しろ》、祭事に仮設する建物を指している。また、社は土を饅頭形にまるめて台座に置き、土の神に祭卓の示を加えた字形である。木々が深く茂った森に神が住むと考えられた「もり（杜、社）」

でもある。「鎮守の森」が社殿よりも神の居場所らしいのも無理はない。そして、その杜が神聖な場として私たちの前に現れるのは、そこで神を招くために行われる手続きとしての儀式と場が見えるからかもしれない。見える者のみに現れるところが杜なのである。それゆえに、すべてを不問に付し、包み込むかのように森が鎮め守り清めるのは、わたしたち人間の想いと「ケガレ」*である。

カモ社において最も大きな祭りは賀茂祭*である。今日では五月十五日に行われるこの祭りは一四〇〇年以上の歴史を有する上賀茂、下鴨両神社の例祭であり、宮中《きゅうちゅう》の儀、路頭《ろとう》の儀、社頭《しゃとう》の儀の三つに分けて行われ

嵯峨天皇
786－842年。桓武天皇の第2皇子。空海、橘逸勢とともに三筆の一人。

木嶋神社
右京区太秦森ヶ東町に所在。正式には木島坐天照御魂神社、通称は蚕ノ社。

ケガレ
穢れ、気枯れ。汚れて悪しき状態で、神道では忌まれる。人為的な罪に対し、穢れは自然発生的現象によるものだから一般に禊で浄化できるが、斎場や共同体に持ち込んだものには罪として祓えが課せられた。

賀茂祭
賀茂祭が葵祭と呼ばれるようになったのは、江戸時代の1694年に祭が再興されてのち。名称の由来は、当日の内裏宸殿の御簾をはじめ、牛車、勅使、供奉者の衣冠、牛馬にいたるまで、すべて葵の葉で飾るようになったからとされる。なお、今日では宮中の儀は行われない。

ている。祭のハイライトは路頭の儀、都大路の行列である。歴史と規模においても日本の祭りを代表するものであり、前祭の流鏑馬《やぶさめ》神事、歩射《ぶしゃ》神事なども有名である。しかし、この前祭の中でも最も重要なのが、五月十二日に執り行われる「ミアレ」*の秘儀「御蔭祭《みかげさい》」*である。御生山《みあれやま》（御蔭山）の御蔭神社で降臨した二祭神の新しい身体の荒魂《あらみたま》を下鴨神社の心の和魂《にぎみたま》に迎え入れる神事で、古代祭祀のかたちを伝える重要な儀式である。この平安装束をつけた神幸列は日本最古といわれるが、その道中、糺《ただす》の森において迎えた喜びを「東游《あづまあそび》の舞」*で伝える「切芝神事《きりしばのしんじ》」がある。この場は糺の森を通る一本道が少しだけ広がった森の古代祭礼場跡で、かつて

「糺の森」には清水が流れ、都人を浄化してきた。カモ族の氏神とされるが、カモ川は言葉通り「カミ」の川でもあった。この杜にはミソギの水が湧くのである。「糺す」には、神が顕つ処という意味がある。五月、この杜で幾つもの道行（みちゆき）神事が行われる。三日の流鏑馬神事、十二日の切芝神事、十五日の葵祭は上賀茂までを巡行する。日本の祭りは「道行」を大切にしていたのだ。そして、道は杜でなければならなかった。

の二つの魂を出会わせた契り場である。和《やわ》らぎ和《なご》んでいる魂と、荒々しくも新しい魂とを合体させること。「荒《あ》れ」とは「荒《すさ》び」、勢いのままにする事であり、「遊《すさ》び」は生に必要な対極結合の姿であった。

奈良の小川に瀬見の小川、そして泉川と御手洗《みたらし》川。現在の十倍以上はあったとされる糺の森には清水が流れ、四季をおりなす林泉の美は多くの謳《うた》を生み、都人を浄化してきた。カモ族の氏神とされるが、カモ川は言葉通り「カミ」の川でもあった。この杜にはミソギの水が湧くのである。「糺《ただ》す」には、神が顕《た》つ処《ところ》という意味もある。

新緑と初夏の新風が清々しい五月、この杜で幾つもの道行《みちゆき》神事が行われる。三日の流鏑馬神事、十二日の切芝神事、十五日の葵祭「路頭の儀」は御所から糺の森、そして上賀茂神社までを巡行する。収まるところではなく、日本の祭りは「道行」での行為が大事なのである。「不易《ふえき》」を「流行」の中で確認する。そしてその営為は、鬱蒼と茂る森の如き世界で行わなければならない。

流鏑馬神事
葵祭の前儀。明治初年までは流鏑馬とは云わずに「騎射（きしゃ）」と呼んでいた。儀式の最初の三馳を伝統によって騎射と称し、作法や装束、用具などは古来からの法式によって行い、その後、武家が狩装束を着け流鏑馬を行う。

ミアレ
御生れ、御現れ、御荒れ。

御蔭祭
起源は、581年頃とされ、日本最古の神幸列の形式を伝える特殊神事。

東游の舞
古く東国地方で、風俗歌に合わせて行われた民俗舞踊。宇多天皇の889年11月賀茂の臨時祭の時に初めて用いられてから神事舞として諸社の祭典に奉じられるようになった。歌方は笏拍子を持ち、笛・篳篥（ひちりき）・和琴の伴奏で歌い、4人または6人の舞人が近衛の武官の正装などで舞う。

不易流行
不易とは永遠に変わらないもの、流行とは時代とともに変化するもの。相反するようにみえる流行と不易も、風雅からでるものなので根源は同じとする松尾芭蕉の俳諧理念。

青の杜、朱の鳥居

陰陽の道に透ける美

気分づけられる領域は、形では限定できない。ましてや聖域は、つくれるものではない。

新緑の頃、河合《かわい》橋を渡って一の鳥居をくぐり、下鴨神社の参道をしばらく歩くと鬱蒼と茂る落葉樹の中に道が吸い込まれ、やがて御蔭通《みかげどおり》に出る。そこからは古代の植生を残す樹高二十〜三十メートルの落葉広葉樹の森である。南北に伸びる参道も年中直射日光が入ることはない静かな参道口である。南から北へ向け真直ぐに伸びる道を歩いていくと、車の喧騒も消え、糺《ただす》の森の清浄感が身体に染み入りはじめる。左脇には流鏑馬《やぶさめ》神事が行われる馬場と瀬見の小川が、右脇には泉川が古《いにしえ》の風情へと誘ってくれる。

気が枯れることを「ケガレ」というなら、この新緑の木霊《こだま》にさえずる鳥や木漏《こも》れ陽《び》、涼風を感じつつ踏み

気の枯れが「ケガレ」なら、高く鬱蒼と茂る落葉樹の参道は「ミソギ」への場といえるだろう。新緑の頃、木漏れ陽の参道を歩くと、遠くに朱塗りの鳥居が鮮やかに見え、青は朱と饗宴する。杜の幽邃さが王朝美の荘厳さへと転換する時節、上下両社の例祭・賀茂祭が双葉の葵を身につける。そして、糺の森では流鏑馬が「陰陽」の掛け声とともに的を射る。

入れる参道から受ける浄化された気は、「ミソギ」に近づく心地よさなのであろう。そして、遠くに朱塗りの鳥居が見えてくる。これほどまでに朱の輝きと自然の恵みに感動するところはない。緑になれた目には朱が鮮やかに映える。補色の効果もあろうが、朱の色以上に光り輝くには訳がある。光を閉ざした森は、鳥居の前でぽっかりと口を開け、陽光をスポットライトのように挿し入れるのである。奈良殿橋を渡ると、そこで参道は拡がり角度を変える。燦々と降り注ぐ陽光の下で鳥居から楼門までの道は明るく広い。手水舎で手口を清めて鳥居をくぐり、堂々たる神威を放つ楼門へと向かう。鎮守の杜《もり》の幽邃《ゆうすい》*さは、鳥居を経て王朝美の荘厳さへと一気に加速する。

少しずつ段階を経ながら奥へ奥へと空間の位相レベルを変えていく*階層的配置でのアクセスは、体感変化によって意識に空間の積層化を促す場づくりである。壁や列柱などの配列で視覚的な距離感や権威性を出す*透視的配置の大陸とは、異なる日本空間の特質である。神社において、階層性を促す結界通過の儀礼的操作は、鳥居や橋や階段などの受動的変化から手洗いや下足などの能動的変化を伴うものまでさまざまある。少し折れる参道も、踏音が変わる足元も、陽入りが変わる境内も、層《レイヤー》の変化には重要である。各層の*見え隠れは期待を促し、*かさねの色目のような透かしは魅惑への配置である。

赤は陽、青は陰。春は青、夏は朱。上は陽、下は陰。両色両様が重ねて見える色こそが、平安期の最高位の

幽邃
景色などが奥深くて物静かなこと。

階層的配置
Hierarchical Planning　空間の位相性を身体感覚によって築き上げる方法。物理的距離や切断の強度に関係なく、装置の関係性によって精神的距離は生み出される。鳥居や橋や折れ曲がる道など、空間要素の配列・関係性によって階層性は生まれる。

透視的配置
Perspective Planning　イタリア・ルネッサンス期に代表される遠近感を透視図学的に表現する方法。階段や列柱などの連続性と距離感が出せるフィジカルな要素は建築的表現においては必須のアイテムである。

見え隠れ
視点移動による風景の変化。樹々や建物で一部を隠す「障り」の手法が基本となる。御簾や格子窓、または折れ曲がる道などでの現象。

かさねの色目
平安時代、衣装の配色で季節などを表現することを指す言葉。絹が薄く裏地の色が透けて見える効果。

色・紫である。紫を最高位の色と指定したのは、隋唐の制度に倣《なら》ってのことであろうが、この色は日本の風土において必然性があった。導入当時の意図とは別に、大陸とは異なる感性によって深く浸透し、歴史を経ながら理想の至高色として日本人に定着していったのであろう。

*王朝の色は、紫式部が理想の女性像を紫の上と名付けるところにも見てとれる。雅さと気高さと艶《あで》やかさを醸《かも》す唯一絶対の色として王朝の美意識の基点を成し、さまざまな紫色を創出した。洗練されていく背景には、都を彩る自然、この古代からの聖なる森の緑があった。

春と夏の狭間《はざま》の季節、野の花になぜか紫の花が多くなり、賀茂祭では紫褐色の花が咲く*双葉の葵を身につける。赤と白の装束と藤の花で飾られた牛車《ぎっしゃ》が新緑を背に行進する。そして、糺の森を駆け抜ける流鏑馬神事は、今年も「陰陽《おんみょう》」*の掛け声とともに矢を放ち、的《まと》を射る。

王朝の色
自然を賛美するのは前代の万葉人も同じであるが、奈良での広域的自然美に対して平安貴族は山紫水明の都、特に日常は邸内にある庭園での自然に限られており、近景域に見られる微妙な色調が美の基本になったと考えられる。そこで、奈良での暈繝（うんげん）配色のような強い補色的対比ではなく、ほのかな中間的配色に華やかさを感じていた。

双葉の葵
茎の先端に葉が2枚対生し、紫褐色の花を咲かす多年草。

陰陽
陰陽道は平安期に浸透するが、賀茂保憲が子の光栄に暦道、弟子の安倍晴明に天文道を教えてから同2氏族が世襲した。

金閣寺《きんかくじ》

北山鹿苑寺《ほくざんろくおんじ》

金閣の輝きは、京都の名刹の中でもひときわ異彩を放つ黄金である。時代を超えて私たちの心を癒し魅了し続ける都の美には、王朝文化を彩る雅《みやび》と、禅宗文化を醸《かも》す侘《わ》び寂《さ》びがある。この輝きに直面した誰もが息を呑み、言葉にならない魅惑に惹き込まれるのは、強烈なまでの明快な姿と想像を超えた美しさに圧倒されるからだけではないだろう。それは、対面してはじめて実感する複層的な美意識に出合うからかもしれない。

雅か侘びか、顕示か調和か、見方の葛藤を与えるこの広大な苑池に聳《そび》える楼閣の魅力を、築営の歴史から顧みよう。

北山と呼ばれる京都の西北にある峰は、宇多法皇が白絹を掛けて新雪の風情を楽しんだことから絹掛《きぬかけ》（衣笠）と呼ばれるようになったという。このような故事が残るほどに平安の頃より、衣笠山の南東麓一帯は王朝貴族との縁が深い。この地の本格的な造営は、*藤原（西園寺《さいおんじ》）公経《きんつね》が鎌倉時代初期に神祇伯《じんぎはく》であった仲資王《なかすけおう》から手に入れ、巨大な氏寺の西園寺と別荘の北山第《きたやまだい》を建立したことに始まる。瀑布《ばくふ》（滝）や碧瑠璃池《へきるりち》の泉石など、贅を尽くした*池泉《ちせん》庭園には仏殿諸堂から寝殿までもが完備され、鎌倉前期には藤原定家が『明月記』に「比類なき」と賛美するほどに規模も広大だったとされる。しかし、鎌倉幕府滅亡とともに荒廃し、半世紀ほど放置されていた北山第を堺の自領と交換してまで譲り受け十年にもおよぶ大規模な築造工事を施したのが出家した室町幕府第三代将軍・*足利義満《あしかがよしみつ》であった。武家政権を確立させ、皇室史に残る行幸を行うほど朝廷との親交を深め、隔絶していた明との交易再開による富と権力を得た者が夢舞台として具現したのが北山殿《きたやまでん》である。義満の跡を継いだ*義持《よしもち》によって多くの建物が解体撤去され、いくつもの戦乱を乗り越え唯一残ったのが金閣であったが、それも一九五〇年に焼失する。義満の見た世界はわからずとも、再建された輝きに往時の隆盛に夢見た姿を想うことはできる。

幻影への金色《こんじき》

空に掛かる虹の反り橋

白砂の南庭に池を設け、高床の釣殿から四季の移ろいを愛でる。この寝殿造特有の池泉《ちせん》庭園は、平安時代よりの雅《みやび》な貴族の遊びには欠かせないしつらえであり、今日まで受け継がれている日本庭園の原風景となっている。公家文化に親しみ『源氏物語』の風景を愛した義満にとってはなおさらであり、北山殿《きたやまでん》にも桜の若木を植え、金泥で描かれた極彩絵巻以上に華美な世界を描こうとしたであろう。そして、その集大成として建立したのが舎利殿、いわゆる金閣である。

楼閣の第一層の法水院《ほうすいいん》は平安時代の寝殿造、第二層の潮音洞《ちょうおんどう》は鎌倉時代の武家造、三層の究竟頂《くつきょうちょう》は唐（禅宗）様の仏堂造で仏舎利が安置されている。貴族の上に武家を置き、最上位に僧侶を据える政治的積層とも揶揄《やゆ》されるが、価値転換の時を都人に知らせ、歴史と文化が重層する日本の美意識と技術力の高さを大国・明へ伝える重要かつ絶好の交易施設とする、義満ならではの意と策を汲むこともできる。

遣明使のみならず、後小松天皇*の行幸が二十一日間にも及ぶほどに完成度を高めたこの苑池《えんち》では、蹴鞠《けまり》、連歌、詩歌管弦《かんげん》、猿楽《さるがく》(能)、饗宴《きょうえん》、船遊びなど、室内と庭とを巧みに使い分けながら歓待の限りを尽くしていたであろう。そして、そこには誰もの視野に眩《まばゆ》く仰ぐ楼閣が映っていたに違いない。そして、この場で伝統的な公家文化に武家文化が入り込んだ華やかで艶やかな北山文化の開花を誰もがそれぞれ思いを抱きながらも体感していたのであろう。

藤原(西園寺)公経
1171－1244年。源頼朝の姪を妻とし、鎌倉幕府の後ろ盾を得て、当時最も権勢を振るっていた藤原氏の流れを汲む公家。西園寺家の実質的祖。

池泉庭園
池を中心とした庭であるが、廻遊式、浄土式、舟遊式、鑑賞式などの庭がある。北山殿はすべての要素を兼ね備えている。

足利義満
1358－1408年。1394年、37歳で将軍職を9歳の義持に譲り、出家した。1397年から北山殿の造営に着手。

足利義持
1386－1423年。足利義満の嫡子。室町幕府第4代将軍。義満の死後、政策を覆すような施策を打ち出す。

後小松天皇
1377－1433年。室町時代北朝最後の天皇。この代で南北朝の合一が行われた。

義満については華美な面ばかりが前に出るが、幼少時より禅僧に教えを乞うていた。北山殿築造の範とされる*夢窓疎石《むそうそせき》が住していた*西芳寺《さいほうじ》へは歌会や遊覧のみならず、参禅にもよく赴いていたという。義満は夢窓疎石と西芳寺に何を学んだのか。

北山殿の楼閣築庭には、規模こそ違うが西芳寺の穏やかに楕円を描く形状も、そこに擁していた二層の舎利殿(瑠璃殿)や黄金池も、規模と名称を変えながら写し描かれている。そして、北山第《きたやまだい》の建物は武家風に立て替えられ、苑池はおおむね西園寺による平安調の浄土式*庭園を整備し直したのであろう。しかし、寝殿造の名庭と詠われた室町殿《むろまちでん》でさえ飽き足りぬ芸術的感性の持主が、素直にこの趣を享受するわけはない。柔らかな曲線

金閣が池に囲まれていた頃、対岸に天鏡閣（史料では北側）という二階建の会所があり、その間を長い反り橋（亭橋）が掛かっていた。夕日の没するところを西方浄土の入口と考えていた時代、広大な鏡湖池の真西に陽が沈む彼岸の夕刻、義満は赤銅色に光輝く金閣に掛かる虹の如き橋を悠然と歩いていたのであろう。

になじんでいたであろう洲浜を取り除き、鎌倉調の力強い石組みで護岸を造り直し、浄土観にはない日本の景を造ったのである。ここに苑遊《えんゆう》（廻遊）から視座に変わる対池作法の変化をダイナミックに指し示す方法も読みとれるが、霞で距離感をなくすやまと絵から額装された一幅の山水画のような枠の中に風景を描ききる大陸的な新様式への挑戦とも読みとれる。しかし何より、この力強い意気込みに国家を見据え時代を切り開く者のみが共に持つ卓越した造形力を感じるのである。

夕日の没するところを西方浄土の入口と考えていた時代、遊興の苑池の穢土《えど》を浄土《じょうど》と、*此岸《しがん》と彼岸《ひがん》を分かつ結界として池が考えられ、中島を浮かべた。

現在、陸続きである金閣も水に囲まれた中島に建っていた頃、此岸には天鏡閣《てんきょうかく》という二階建の会所をはじめ多くの施設が配されていた。そして、この中島へは夢窓疎石が好んだ平橋と反《そ》り橋《ばし》（亭橋《あずまやばし》）＊が架けられていたはずである。

義満は南向きに建てた金閣に東面し、広大な鏡湖池《きょうこち》の真西に陽が沈む彼岸の夕刻、虹のごとき亭橋に腰をかけ、赤銅色に光輝く世界に何を見ていたのであろうか。

夢窓疎石
1275－1351年。鎌倉時代から室町時代の臨済宗の僧。浄土式の池泉廻遊式庭園に滝石組みなどを用いて禅的世界をあらわし、後の庭園の規範をつくった。

西芳寺
現在は苔寺として有名であるが、夢窓疎石が再興した代表的な庭を持つ。

浄土式庭園
平安時代中期より貴族の間に末法思想が流行り、寝殿造の庭は極楽浄土をイメージした浄土式庭園となっていった。

此岸と彼岸
生死と迷いを繰り返すこの世界と理想の悟りの世界。

亭橋
反橋の中央に眺望や休憩のできる切妻屋根の橋殿を設けたもの。

流れのダイナミズム

見えない軌跡、足利の夢

空間には流れがあり、形には勢いがある。建築家は建物の形を超えた作図線を引き延ばすところから設計をはじめ、書家は紙面から離れた筆先で空画を描きながら墨跡を残す。遥か彼方への視軸を見定め、残らぬ形を描きながら動かぬ形を決めていくのである。

ものづくりにやり直しはきかない。それゆえにあらかじめの計画が不可欠となる。計画とは心眼に見える限りの世界を計り画《か》くこと。形が生まれる時、そこには目には見えない造形への痕跡と意識がめざす軌道が必ず生まれる。広大な空間に美しさが漂うのは、そこにズレを許さぬ基軸と張りつめた視軸の力動感《ダイナミズム》を感じるからである。

金閣の西に手を洗い心身を清めるところと称される漱清《そうせい》という寝殿造に付属する釣殿のような小さな船泊《ふなどまり》が浮かび、東の船着きには四つの列石夜泊石《よどまりいし》が南方へとかすかに浮かんでいる。現世から縁を切り浮上し彼岸《ひがん》へと向か

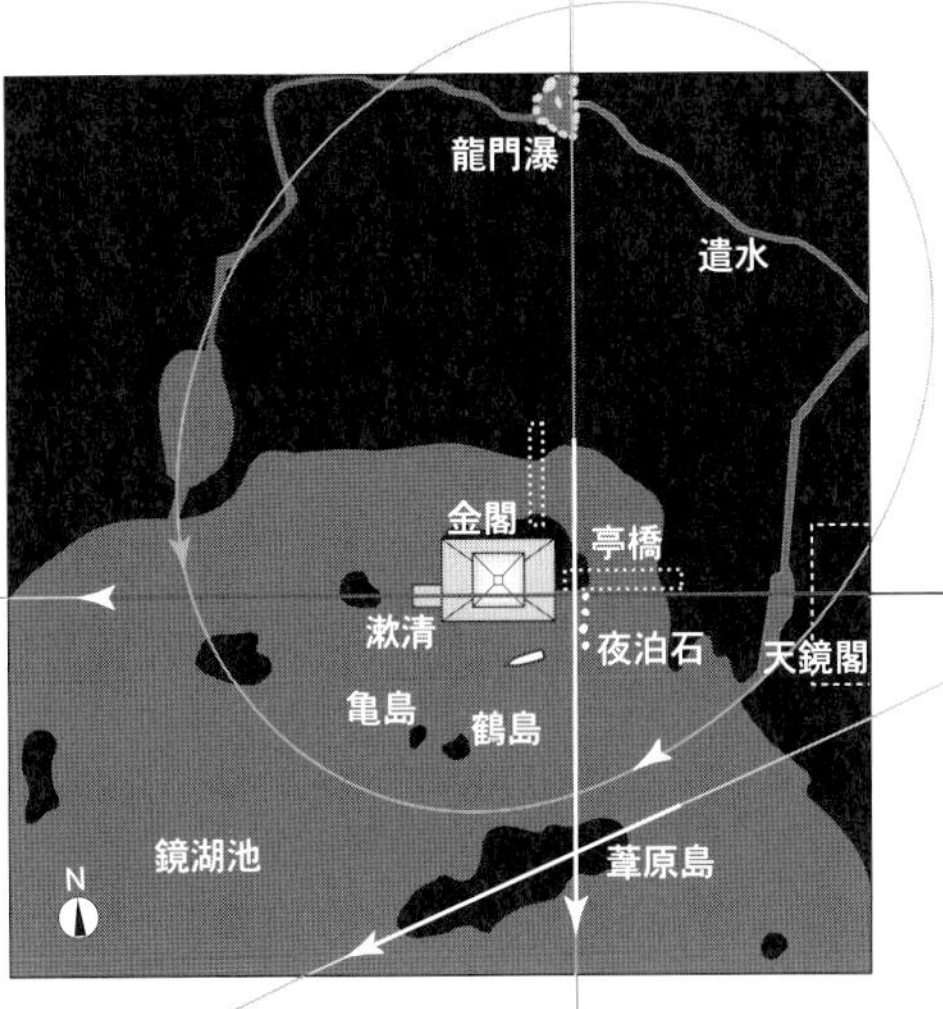

空間には流れがあり、形には勢いがある。形が生まれる時、そこには目には見えない意識の軌跡が必ず在る。広大な空間に美しさが漂うのは、そこに張り詰めた力動感を感じるからだ。

金閣（舎利殿）の西に「漱清」という小さな船泊が浮かび、東の船着きには四つの列石「夜泊石」が南方へと浮かぶ。金閣の下層にも然りげなく作為の痕跡が潜んでいる。亭橋からの軸線は「漱清」を越え、池の西へと視線を延ばす。

う上層とは対称的に、金閣の下層面にさりげなく広大な苑池空間の作為の痕《あと》は潜んでいる。架かっていたであろう亭橋《あずまやばし》からの軸線上には突き出た漱清が妻入りで視線を流し、低く抜けた欄干を弾みにして、西の光源へと目線を延ばす。金閣が西陽を背後に受けず、南に向いているのも、陽光を斜めに受け、眩《まばゆ》いほどの反射を得るには好都合なのである。

日本を見立てた＊葦原《あしはら》島も、＊神仙蓬莱《しんせんほうらい》思想の鶴島と亀島も、大海の西方へと開いている。北の高台にある＊龍門瀑《りゅうもんばく》からの遣水《やりみず》は、金閣を包み込むように大きな円弧を描きながら鏡湖池《きょうこち》に静水を注いでいる。金色に染まる＊橋廊《はしろう》を渡る時、水の流れとともに視野《ヴィスタ》は西へ西へと巻き込まれ、漕ぎ出した舳先も西方の浄土へと吸い込まれるように導かれたことであろう。しかし、この池泉廻遊式庭園の範をも超えた作池の広さにも訳がある。

金閣の比類なき美しさに、誰もが感嘆する水面に映る金閣の姿がある。名前の通り水鏡と化す鏡湖池に黄金色の上層部が反転して映る絶景である。輝く金閣ゆえに見とれるのも当然だが、これほどまでに見事な姿が他にあるだろうか。

楼閣の一層南面に、拭板縁の広縁が設けられている。さらに、池泉に向けて落縁《おちえん》（濡縁《ぬれえん》）を設け、開放感と親水性を高めた上に外装建具を蔀戸《しとみど》*にしているので視線が止まることはない。この外気となじむ巧妙な仕掛けの意図は、庭に降り廻遊しながら遠く離れた対岸に立った時よくわかる。二層の縁は照りつける陽光を遮り、その影は何ものにも遮られることなく室内奥深くまでを闇に包み、形と色を消し去っているのである。

極端なまでに建材がない一層には光の当たる面がなく、陽光を受けて輝きを増す上層を引き立てるように存在を希薄にするのである。屋根どころか付け庇《ひさし》さえ与えない一層の特異な意匠は、このこだわりから生まれたもの

葦原島
「豊葦原水穂の国」で日本の国をあらわしているとされる。

神仙蓬莱
不老不死の仙人が蓬莱島に住むとされる古代中国の道教思想。

龍門瀑からの遣水
平安中期に作成された日本最古の造庭秘伝書である『作庭記』の遣水事に、水源のある敷地の北から引いた水を南の池まで流すには「東より南へむかへて西へ流すを順流とす」また、「東方よりいだして、舎屋の下を通して、未申（西南）方へ出す、最古也」と記されている。

橋廊
反りをつけて橋のようにつくった廊下。池や通路の上に渡した廊下。

蔀戸
長押から釣り、水平にはね上げて開き、L字形の釣り金物で固定する。平安時代に現れ、寝殿造の住宅や社寺建築などに広く用いられた。

であろう。そして、この目に留まらない陰影も反転しながら池面に映り、眩く反射する二つの金閣を映えさせ明確に遊離させている。頭上で輝く鳳凰とともに二層の金閣を現世から解き放ち、黄泉《よみ》の国へと誘うには一層の黒衣《くろこ》*の如き存在を消す緩衝帯《バッファーゾーン》が必然なのである。義満と北山文化が放つ華やかさには、幾重にも織り込んだ思いをさり気なく消しつつも大胆にあらわすレトリックの美技と潔さの余韻が漂っている。

山々に松と爛漫《らんまん》の桜花咲く春景の中から、後光を輝かせ雲に乗った阿弥陀と聖衆《しょうじゅ》が下降する風景を見る。浄土*曼荼羅《まんだら》に示され、来迎図《らいごうず》に描かれたこの風景を現世に再現した浄土式庭園の中で、日本国の風景から朝鮮半島、そして大陸までをも見渡す風景が、義満の目前に手に取るように広がっていた。

大海を見下ろす縁台で、さまざまな想いを巡らす義満に至福の時を与えたものは、足利の首領にしか見えない世界だったのかもしれない。なぜならば、金閣は足利の夢であったはずだからである。聖徳太子の再来とも称され、光源氏に重ね合わせた振る舞いの中で、将軍義満が渾身で造営し、心よりの安堵を求めた真の理由はここにあったのかもしれない。鎌倉より出でた将軍として、名実ともに文化人としての栄華を誇る足利家が密かに引きずっていた一事を乗り越えなければならなかったはずである。かつて侵攻し滅ぼした奥州藤原家の平泉に鎌倉よりも成熟した都を見た記憶を受け継がないわけがない。将軍となり文化の栄華を誇るには、藤原時代の至宝・中尊寺金色堂《こんじきどう》に勝る館に輝きを当てねばならなかった。三間四方の金色堂が、黒漆の上に金箔を貼り宝形《ほうぎょう》の屋根を冠っていたことを知らないはずはない。浄土より皇位より悟りよりも求めた世界が現れ、足利の義が満たされた時、義満に輝きが訪れたのであろう。黄金に染まるその背中には、次文化を予見するかのように東山にも陽は照らされていたのである。

黒衣
人形浄瑠璃や歌舞伎などで黒装束を着用し、人形や役者の介添または舞台装置を操作する人。表に出ないで物事を処理する人。

浄土曼荼羅
阿弥陀如来が住むとされる西方浄土（極楽浄土）などの浄土の様子を描いたもの。

龍安寺《りょうあんじ》

大雲山龍安寺《だいうんざんりょうあんじ》

北山の景勝地に位置する龍安寺は、平安時代中期の九八三年、*円融天皇の御願寺として建立された円融寺にはじまる。五重塔をも擁したという壮大な伽藍も時を経るなかで荒れ果てるが、平安時代の末に左大臣・*藤原（徳大寺）実能《さねよし》が山荘として徳大寺を建て、やがて室町時代には守護大名・*細川勝元が譲り受け一四五〇年に龍安寺を建立することになる。勝元は、弱冠十六歳で*管領《かんれい》職についたためか、深く仏教に帰依していた。そして、教えを乞うていた妙心寺養源院の*義天玄詔《ぎてんげんしょう》に開山を願い、龍安寺を建立し細川家の菩提寺とした。以降、細川家は代々妙心寺も支え続けることになる。

今では石庭で有名な龍安寺だが、所有者の変遷と地理的関係を考える時、真の魅力は見出せる。強者たちが次々と手に入れる景勝地は、何も庭の風情を楽しむためだけとは限らない。徳大寺の広大な苑池《えんち》が営まれていた頃、近隣の北東側には後に足利義満の金閣寺となる西園寺《さいおんじ》の壮麗な苑池が開けていた。西園寺と比すべき苑池を有していた徳大寺は、義満に負けない苑池を造れる力を持つ信心深い勝元の手によって龍安寺になったのである。

勝元は、応仁の乱の旗頭《はたがしら》の一人。龍安寺は本陣ではなかったものの、この戦で焼失してしまう。その後、実子・政元の手で再興され、盛時には二十三寺が立ち並ぶ寺容であったという。しかし残念なことに江戸時代の失火によって方丈などの多くの建物が失われる。現在の方丈は、焼け残った塔頭の一つ西源院方丈を移築したものであり、創建時の方丈よりサイズが大きい。明治維新後は廃仏毀釈《はいぶつきしゃく》の影響で塔頭は三院のみとなり土地も縮小されたが、今もなお京都の寺院の中では境内地が最も広いとされる。

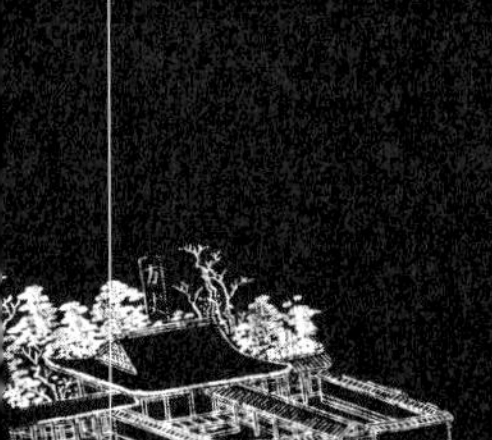

七五三のパースペクティブ

十五の石を越えた処へ

　ゆく河の流れは絶えずして、しかももとの水にあらず。よどみに浮ぶうたかたは、かつ消えかつ結びて、久しくとゞまりたるためしなし。世中にある人と栖《すみか》と、またかくのごとし。

川の水は変わる事なく流れるが、同一の水が二度と流れる事はない。同一性の中に差異性を見出すことを意味する言葉である。古来、『万葉集』にも『古今和歌集』にも日本人の時間、空間、そして物質観は数多く詠まれてきたが、この『方丈記』*の冒頭が語る世界には独特の安らぎを覚える。

「水」は、日本人にとっては特別な存在である。清水は穢《けが》れを清め、様相を一転させる。禊《みそぎ》など、明確な切り分けにも使えるが、一方でとどまる事のない変化流転の象徴でもある。平安時代に生まれたやまと絵は流れを描き、詩歌は曲水で披露され、白拍子は水干《すいかん》の菊綴《きくと》じをなびかせて舞っていた。謡《うたい》は調べを曲に、庭は遣水《やりみず》を池に配していた。そして室町時代、庭は象徴化され枯山水《かれさんすい》となり、空《うつ》な風景に現《うつつ》を見るようになった。すなわち、余白に世界を、間に意図を見ようとし始めたのである。

枯山水の代名詞となっている石庭は、方丈に南面して柿葺《こけらぶ》きの築地塀《ついじべい》に囲まれ、一面に敷き詰められた白川砂には波紋が引かれ、十五個の石が五・二・三・二・三の五石群となって七五三に配されている。そこには具象的な表現が極端に省かれているため、その解釈はさまざまになされてきた。だが、対象となるものが抽象的であればあるほど、自由に自らの方法で読めば良いのである。

円融天皇
959－991年。勅願寺として開いたのが円融寺。

藤原（徳大寺）実能
1096－1157年。平安時代後期の公卿。徳大寺家の祖。藤原実能が、円融天皇没後の円融寺址に山荘と徳大寺を建て、徳大寺と称した。

細川勝元
1430－1473年。将軍家の継嗣や畠山、斯波氏らの家督争いなどで山名宗全と対立、応仁の乱を起こす。

管領職
室町幕府の重職名。将軍を補佐して幕府の政務を総轄したのは、足利一門の斯波、細川、畠山の三家。

義天玄詔
1393－1462年。室町時代中期の臨済宗の僧。妙心寺第8世住持。

『方丈記』
鎌倉時代初期に鴨長明が著した日本中世文学の代表作。日野山に方丈の庵を結び、無常観を記す。

遣水
寝殿造の庭園などで、外から水を引き入れてつくった流れ。多く岩石草木等を配し風致をそえる。

枯山水
「池もなく鑓水もなきところに石をたつる事あり。これを枯山水となづく」と『作庭記』の「枯山水事」に記載されている。定義だけから判断すると、風景を描く必要はない。

築地塀
土塀の上に屋根を葺いたもの。

七五三は、古来より日本人が好んできた造形の型である。つまり、和歌やいけばななどにおける基本の考え方であると同時に、数の比でもあり、調べをつくり流れを生み、止めつつ流す決め事ともいえる。目には見えない抑揚を見るために、この庭のように目に見えるものを配して造っていく。七五三の感覚をふまえてこの石庭を見てみると、石が抑揚を造り、余白で調べを奏でる詩歌といえないだろうか。石庭の作者として有力な相阿弥は詩歌にも長けており、リズム感のあるこの庭で何かを詠ませようとしたのであろう。

この庭は無常観を代表する庭として今では禅的静寂観以外を語れない風潮になっているが、知らず知らずのうちに雅な抑揚観をも享受して、艶っぽい魅力に誰もが感じ入っているのかもしれない。侘《わ》びに生を見ると

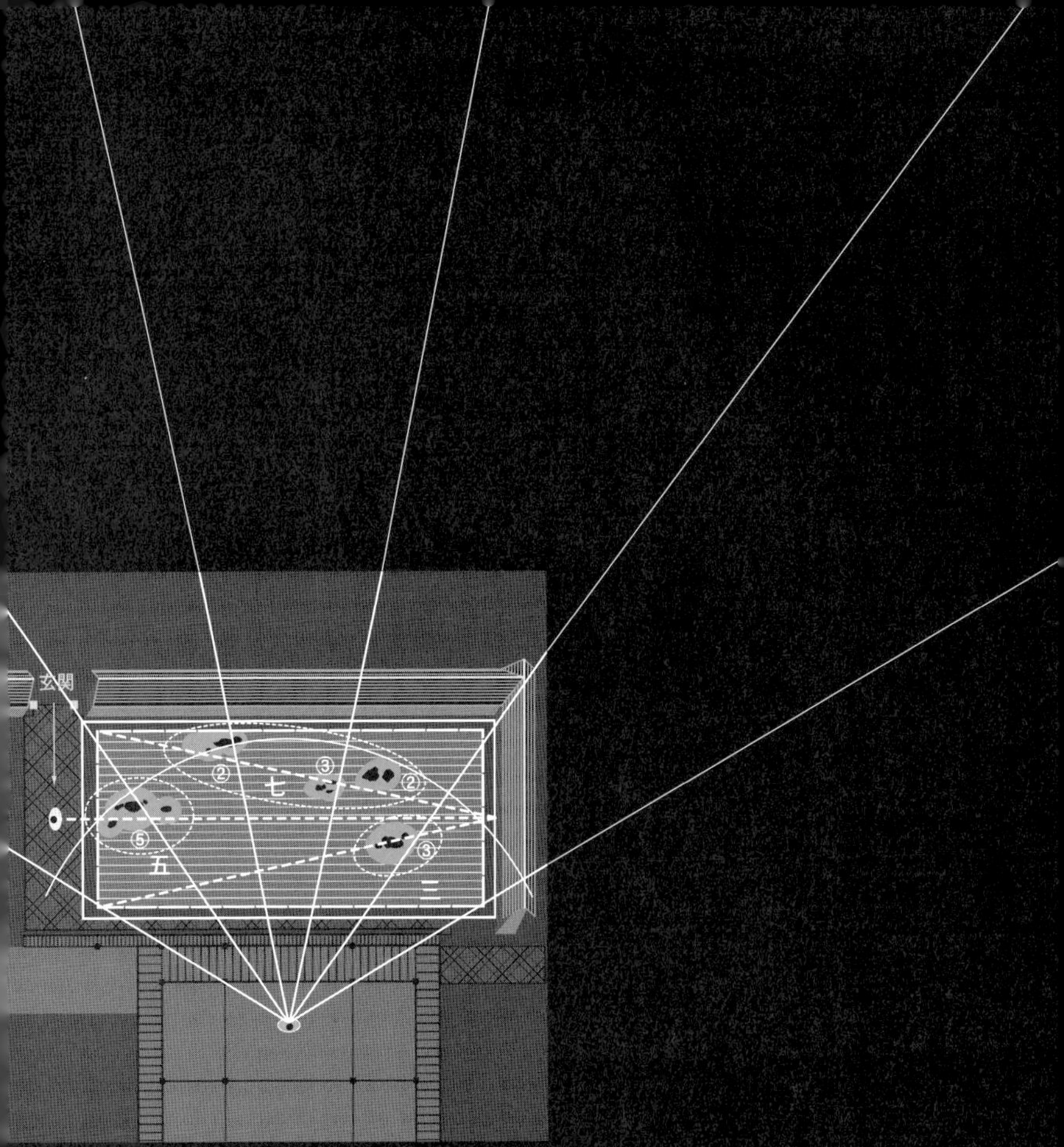

水は、日本人にとって「流れ」と「うつろい」であった。三の五群、十五の自然石は、七五三に配置されている。座視観賞式庭園の視点は原則的に一カ所であるが、現在すべての石が一度に見られる座はない。創建時の方丈はひとまわり小さく、庭からの距離もあった。縁まで出なくとも座したままで扇状に眺められたのである。さらに、東の玄関脇からは強烈な一点透視遠近法が織りなされ、盛土された石群から埋め込まれた長石へと三条の直線が収斂していた。築地塀と砂面は高さも幅も狭めて奥行きを出し、砂紋は一直線に流れていく。

ころに本意があるように、水の流れに生を念《おも》わせる技に敬服する。

また、この庭は座視鑑賞式*の庭園なので主な視点は原則一つである。現在の方丈は作庭時の方丈より大きいから、庭からの引きもなくすべての石を一度に見る座はない。かつては縁まで出なくても座したままで扇状に隅々まで眺められたのだろう。

さらに、眺望を楽しむ庭には前座もあった。十五の石が三つの直線を描き、賓客が入るやいなや思わぬヴィスタに魅入ったであろう玄関である。現在は移築した勅使門が庭に入り込んでいるので想像するのも難しいが、当初は庭の築地塀に沿って門があり、庭の南東端から全景が見えていた。盛土で量感を出した主石群を手前に配し、低く細長い石を焦点へと向けて布石する。築地塀は徐々に高さを変えていき、リズムの良い石の高低と方丈より西へと突き出た砂面によって視線は西の奥へと流れていく。玄関からは方丈が大きく見え、方丈からは庭が遠く見える、巧妙に強化された一点透視の石と壁と砂に視線は吸い込まれ、七五三*の詩歌の世界へと導かれる。

しかし、物を見せながら物にない主題を伝える事にこそ作者の意図はあるだろう。収縮と拡散、この庭は思惟を促す図学がある。

座視鑑賞式庭園
室内から座って観賞するための庭。

七五三
七＝5×1.41（白銀比）、五＝3×1.618（黄金比）。古来より4と9は好まれなかったため、七五三を組み合わせた石庭が多い。また、七五三の考え方は、創作の世界では広く定着しており、この七五三という一群も3つの語である。門松から建物配置に至るまで3つの要素構成を安定とする美意識である。白銀比・七五のみで構成する俳句はその典型といえるが、その配列は三である。

侘《わ》びの絲桜《しだれざくら》

石に見る景、景に見る石

時ならぬ　桜が枝に　ふる雪は　花を遅しと　誘ひきぬらん

一五八八年二月二十四日、雲山での狩りの途中、龍安寺に立ち寄り詠んだ豊臣秀吉の歌である。石が、そして花が「立てる」技芸・教養として武人にも定着し、「見立て」が主役になった時代、鎌倉時代よりの石組みの庭は抽象度を増していき、室町時代後期の庭園は鑑賞対象すべてを石組みにしはじめていた。それはまた、空間構成を重要視する黄金時代でもあった。すなわち、枯山水《かれさんすい》庭園は侘《わ》び寂《さ》びの極致に至るが、素材表現と隠喩《いんゆ》*手法の進化だけではない、それまでの見方とは異なる見方への移行であった。それゆえにこの庭園は、一木一草も許さぬ石庭ではなく盛土もあれば苔もあり、水こそ流れていないが潤いのある庭なの

『作庭記』の禁忌に「峯の上に又山をかさぬべからず」の一文。もし、閉ざされた庭石のみに想いを馳せるのではなく、四季を彩る遥かなる都を眺めるならば、今は望めぬ山景への布石も軽快な柿葺き塀も、そして花吹雪く桜も理解できよう。石も花も「立てる」と呼ばれ、「見立て」が隆盛を迎えた時代、間合いを魅せる「空間美」は美形を競う「造形美」を超えていたのである。

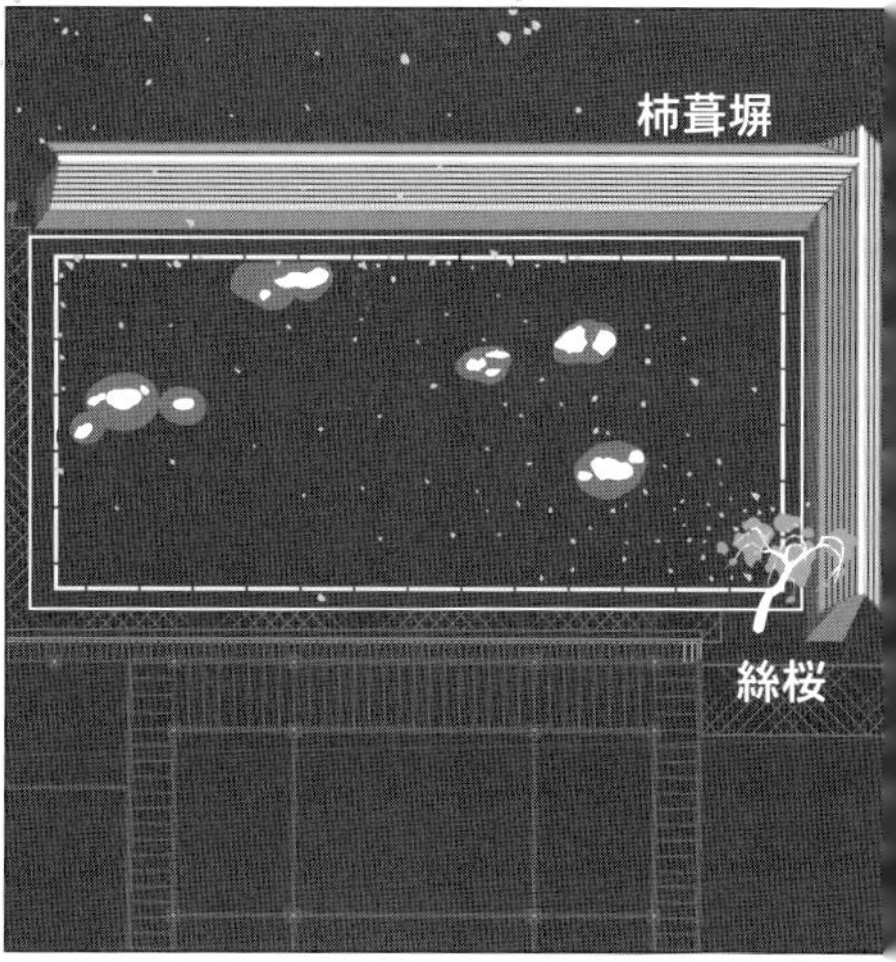

である。庭に肝要なのは石組みの配置と作意である。

石庭を前に坐し、静かに各々の石を、そして石々を見つめ、ただただ想う。しかし、果たしてこの庭はそのような意図だけのものであったのだろうか。

方丈への道すがら、岸辺の花菖蒲と一面の睡蓮《すいれん》を堪能できる鏡容池《きょうようち》がある。この池は平安期に作られ、かつては中央の弁天島の周りには双隻の*龍頭鷁首《りゅうとうげきす》が浮かび、歌舞音曲の雅な苑遊《えんゆう》が繰り広げられていたであろう。この廻遊式庭園から山手へ緩やかな坂を上り、さらに階段を上ったところが方丈の玄関である。京の都を一望できる恰好の地を方丈に選んだのである。整備された苑池《えんち》越しには、正面遠くに石清水《いわしみず》八幡宮の男山も仰げるほど解き放たれた都を一望できた。細川勝元がこの地を選んだ最大の理由に、この地理的配置を考えるのは思い過ごしだろうか。

閉ざされた庭で石組みだけを眺め瞑想に浸る庭が主題であれば、塀を軽快な柿葺《こけらぶ》きで仕上げることも、このような高台に造る必要もないだろう。ましてや築地塀《ついじべい》は二メートルに満たない高さであり、塀は目線より低い。また、当時、玄関からの透廊《すきろう》＊は両脇の東西に庭を配しており、方丈前は東西に広い庭だったと想定される。この庭を訪れた者がまず圧倒され目を凝らす対象は、明らかに石ではなかったはずだ。あくまでも石庭は京都盆地という大自然を受けて立つ前景であり、洗練された都を俯瞰するという京都随一の景色

隠喩
あるものを別のものに例えて表現する修辞法の一つ。暗喩ともいう。表現に〈如し、ようだ〉などを用いて直接的に伝える直喩、密接に関係あるもので置き換える換喩、引用で代弁する引喩とは異なる。

龍頭鷁首
貴人の御座船。龍と水鳥の頭像を船の守り神として船先に取り付けた船で、貴族たちが専ら遊びに用いた。

透廊
壁などがなく、吹き抜けた廊下。

を主景とする庭であったはずだ。この観点からするとこの庭は、造園史上初の眺望を摂取する庭であり、世俗を拒む庭ではないか。

『作庭記』*の一節に「峯の上に山を重ねてはならない」と記されている。もし、石庭の宇宙にではなく、都の四季に想いを馳せれば、石組みは今は望めぬ山景への散布石にしたはずだ。石と石の狭間に見える山、町、寺、さらにと想いを巡らせたのであろう。

しかし、創建当時この庭に石はなかったのかもしれない。それは、この方丈の座敷でしかみられない長大な屏風絵*が待ち受けていたからである。塀と庇に切り取られた都のパノラマは、あたかも生きた「日月山《じつげつせん》水図《ずい》屏風」。日々刻々と変わる都を一望しながら時の権力者は布石のように石を見たのかもしれない。そして、東軍の主将として、地方からの諸大名に、庭に配した石群で位置とその領域を、さらには流れを描かせ、疎通を計ったのかもしれない。

その石庭の西北隅に桜が植えられていたのである。石庭が主役でも、借景が主役でも、眺望が主役でもない庭に、桜の気配は立ち込めていたのだ。この石庭が、現世と想念とを結べた時代、＊絲桜《しだれざくら》は姿を見せず、白砂に描く波紋のように棚引く花弁が都に分け入り、そして静かに舞い落ちていったであろう。

『作庭記』
平安中期に作成された日本最古の造庭秘伝書。

屏風
室町時代には、屏風の大画面化が進み、一隻から二隻（一双）が増え、縁取りも一扇から六扇全体へと大画面化していた。

絲桜
糸桜、枝垂れ桜のこと。

銀閣寺《ぎんかくじ》

東山慈照寺《とうざんじしょうじ》

大文字を仰ぎながら銀閣寺道を上り、琵琶湖疏水に掛かる橋を渡ると正面に瀟洒な総門（薬医門）が見える。勾配のある石畳越しに視線を止めるのが椿一面の銀閣寺垣である。矩折《かなお》りの参道に沿った大刈り込みは、迫るように高く視線の迷いを拭い去る。参拝者を覆うように挟み込む圧倒的な生垣に導かれ境内に入ると、唐門の正面に穿《うが》たれた花頭窓《かとうまど》から銀沙灘《ぎんしゃだん》が覗く。方丈前の南庭に進み出れば、煌《きら》めく白川砂の海原越しに向月台《こうげつだい》と銀閣が、背後には池へと迫る東求堂《とうぐどう》が静寂をまとい建っている。

現在の臨済宗・東山慈照寺《とうざんじしょうじ》は、室町幕府八代将軍*足利義政《あしかがよしまさ》が隠棲地として造営した東山殿《ひがしやまでん》の名残である。銀閣は、金閣との対比から江戸期より呼ばれている愛称、正式には観音殿という。創建時の遺構は銀閣と東求堂と庭の一部のみだが、今も月待山《つきまちやま》の裾野にひっそりと、しかも先鋭的な造形とともに枯淡の佇まいを見せている。

銀閣は、一つの伝統施設ではない。今日の日本文化には欠くことができない東山文化の拠点であった。室町期の創建時より建つ東求堂の内部に立ち入る時、そこに違和感はない。敷きつめられた畳、障子や床の間、机、そして自然と溶け合う庭園までもが現在までの日本建築の起源として遺されているのである。

この東山殿こそが義政の趣味から生み出された*東山御物《ひがしやまごもつ》の源泉であり、今に生きる日本の文化の源流を成していたのである。十三世紀以降、禅仏教の影響のもとに枯山水が誕生していくが、義政は、美的・精神的啓発の場としての至上の建築を求めた。作庭にも、座敷飾りにも、*立花《たてばな》にも、茶の湯にも、文化サロンと化した会所《かいしょ》に阿弥衆を重用《ちょうよう》し、義政の美意識は具現化する。それは限られた空間のうちに無限の広大な風景を想像させるものであり、禅から学んだ審美眼に基づく、義政の余韻の美学の現れの姿に他ならない。

これらを芸術にまで高め、絶対の地平へと導いたのは、ひとり義政の功績である。

輝かぬ銀《しろがね》の美

花開くうつろいの東山殿

銀閣は、北山文化の金閣と比較される。しかし、銀閣の銀は色ではない。自然を詠《えい》じる和歌文学が、中国文雅趣味や法華経にあらわされる自然観との相克を経て、平安末期より永年のテーマであった大陸趣味からの超脱に至る。そして、禅風文化と王朝文化に魅せられた義政は、うつろう自然の姿から無常を悟る美の世界へと辿り着いた。

しかし、侘《わ》びとして知られる如何なる諸芸も、場なくしては顕れない。現代日本家屋と床の間の原点ともいわれる一間半四方の書院座敷同仁斎《どうじんさい》には畳が敷かれ、唐物《からもの》を飾る違い棚と付書院を備える。その座で行われるいけばな、茶の湯、聞香、連歌俳諧、猿楽（能）から精進料理や築庭まで、義政が後世に残した資産はあまりにも大きく、すべては今日の日本文化の基底をなしている。
侘茶《わびちゃ》や水墨画に見られる禅的侘び精神は、将軍の山荘・東山殿《ひがしやまでん》を、黄金色《こがねいろ》に輝く極彩色の陽光的世界に享楽した時代から、白砂淡色の自己抑制的な月光的世界で坐視*する、意識転換への会所《かいしょ》に仕立てていくのである。そして、日本人の美意識に一大転機を与え、今日へと継承される芸術観の拠点を築いたのである。
侘びも寂《さ》びも無常観とは無縁でない。しかし、うつろいは時ではない。光も色も形も姿も、ひと時の映りを写し、移されていく虚《うつ》ろなもの。そのうつろさにこそ生の息吹を見定め、とらえる技芸に仕立てたのである。所詮この世は空《うつ》なもの。時の流れが切れないように、色も形もさだめ置くことはできない。香りも音も花の姿も射す光

東山御物
足利義政の時代にまとめられた室町幕府将軍家の宝物の総称。宋・元画を中心に花器、茶器、文具などが収集された。足利将軍家歴代の収集唐物。特に絵画・墨跡・茶道具などをさす。大名物とほぼ同義。

立花
室町時代は生花の贈答が盛んであったが、義政は絢爛とした花ではなく、一瓶に入った花を静かに愛でる好みであった。もともとは会所での座敷飾りの一部であったものを書院造と床飾りを完成させた義政は、床の間を構成する一部として仏前供華の技法も取り入れ、鑑賞の対象へと様式化した。

中国文雅趣味
東山文化は禅風文化といえるほど禅僧との結びつきが強く、その禅僧は中国古典文化（漢文学や朱子学など）を学びとり、詩文を中心とする趣味（茶や器や画など）の摂取にも努めていた。雪舟が明から帰国し、日本の水墨画を完成させた時期。

坐視
座ったまま見ること。関与しようとしないこと。本文では世阿弥のいう「離見（りけん）の見（けん）」の境地、すなわち自己の立場を離れて捉える姿勢の意味をここでは込めた。

も、とらえる間もなく変わりゆくものである。

義政を慕って集う*五山派の禅僧や諸芸に秀でた*同朋衆《どうぼうしゅう》によって、歴史に残すべき確かなものをうつろなものに移す改革を断行したのである。この時代、中国の古典文化にはじまり宋、元、明の文物から文雅趣味までのすべてを摂取し終えた段階であり、大陸からの使節にも珍奇なものを求めるありさまであった。その大きな役割を果たしたのが、五山の一つ相国寺の禅僧たちと、文化芸能に長けた同朋衆たちであった。特に、祖父能阿弥と父芸阿弥から職を引き継いだ連歌や画技、座敷飾りに長けた相阿弥をはじめ、香合、茶碗類を扱う茶の湯の千阿弥、立花《たてばな》にあたる立阿弥、猿楽師の音阿弥、築庭師の善阿弥など、義政の愛顧による専門高度化は進んでいったので侘茶や水墨画に顕れる禅的「侘び」精神は、黄色に輝く陽光的世界を自己抑制的な月光的世界へと転換させた。白は空白、砂は虚無。白砂の銀沙灘も枯木の銀閣も、金を凌ぐ銀の美を放つのは陰光の夜を待たねばならない。灰青の薄明かりの中、銀閣に秘められた「うつろい」は開花する。

ある。*四十八茶百鼠《しじゅうはっちゃひゃくねず》。この言葉が示す通り、日本では多くの同系の色に名前がある。微妙さを楽しんでいるのである。曖昧さが発達する中世日本の美意識を支え、仏像から箸に至るまで彩色と輝きは影をひそめたのである。

そして、義政が考える美の粋を託して建立した楼閣、それが銀閣こと*観音殿である。生活のすべてを芸術にまで高め、限られた空間、物品の内に無限の風景を想像させる。禅から学んだ独自の審美眼に基づく義政の余韻の美学の現れ、その姿に他ならない。

しかし、そのうつろう姿の完成は、ある時の到来を待たねばならなかった。義政没後に完成したとされる銀閣は、生前明らかに落成している。義政美学の粋を伝え、日本文化の指針を披露するためには、病をおしてまで披露を待たねばならない時節があった。銀閣は建物としての価値になく、しつらいとしての器なのである。それはあたかもいけばなのための花器のようなものである。花が主でも、器が主でも、いけばなが主でもなく、主はその場その時かぎりのうつろいである。

観月の宴の夜、その秘められたしつらいが開花し、金を凌ぐ銀《しろがね》の美を放つ手はずであった。

白は空白、砂は虚無。

灰青の薄明かりの中、庇《ひさし》に消された月が水面に映え、眼下の石島に輝きが遮られる時、銀閣に秘められた「うつろい」は開花する。

五山派の禅僧
足利氏の政治的寺格（別格の南禅寺に加え、天龍寺、相国寺、建仁寺、東福寺、万寿寺）の臨済宗寺院。宗教活動以上に中国文雅趣味を高めた。

同朋衆
阿弥号を称する時宗（浄土教の一つ）の従属者。もとは武将に従軍し信仰から遊芸までを務めていたが、室町時代には奉公衆と並ぶ幕府の職制になっている。

四十八茶百鼠
黄褐色の金茶や緑味の利休鼠など、茶色やねずみ色には数多くの微妙な色があること。情景によっても色味は変わる複雑に読み取れる曖昧な中間色の美。

観音殿
1487年6月観音殿は築造を始め、2年後の2月に上棟され、間もなく落成する。義政が没するのは、落成後の1490年。

義政が見た観月のシナリオ

月待の十三夜

わが庵は　月待山の　麓にて　かたむく月の　かげをしぞ思ふ

義政が夢見た楼閣にはシナリオがあった。南に面し配置されている施設の中で唯一銀閣だけが東に向いている。下層の心空殿《しんくうでん》に安置されている地蔵菩薩坐像とその周りを取り囲む小さな千体地蔵菩薩立像も、上層の潮音閣《ちょうおんかく》に安置されている観音菩薩坐像も東を向いている。

初層は四周に腰高障子*を立て、壁や障子がない開放的な造りとなっており、長押《なげし》も建具もなく欠き取られたかのような広縁があり、その板間は深く四畳ほどもある。外に面した広縁にも関わらず光をはねる鏡天井とし、板戸で六畳の間と続けている。二つの間は共に錦鏡池《きんきょうち》に面して落縁《おちえん》(濡縁《ぬれえん》)を付け、その床は低

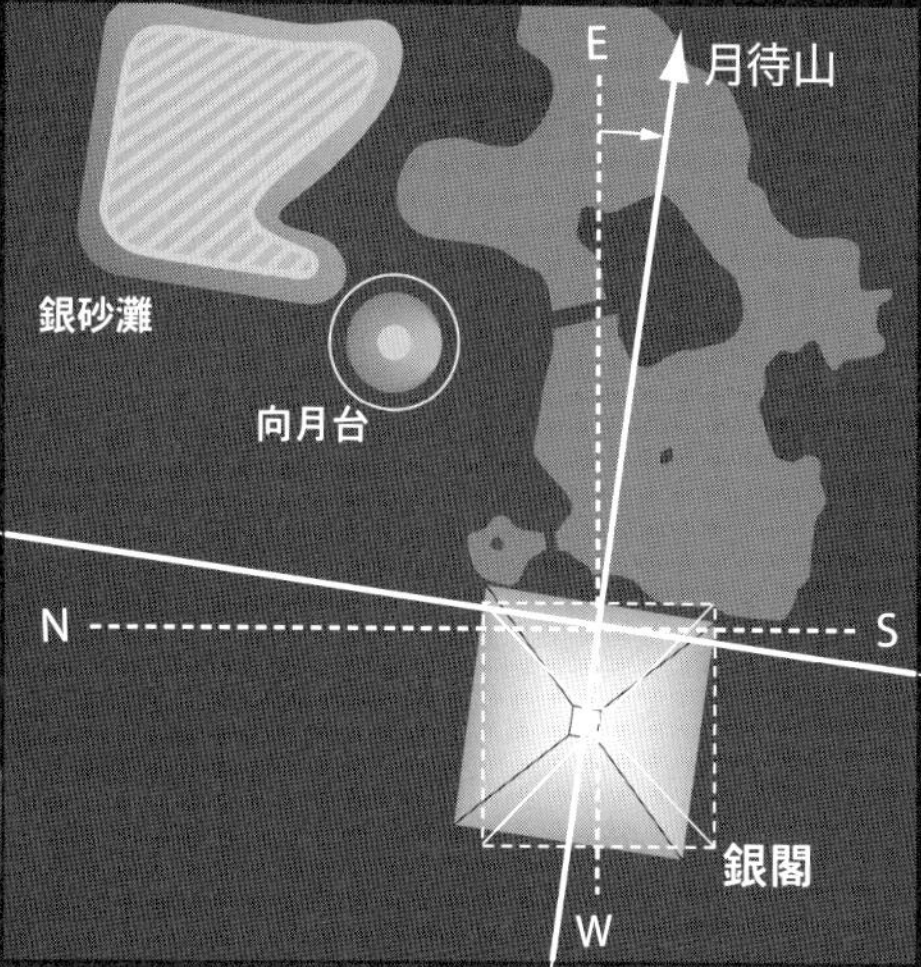

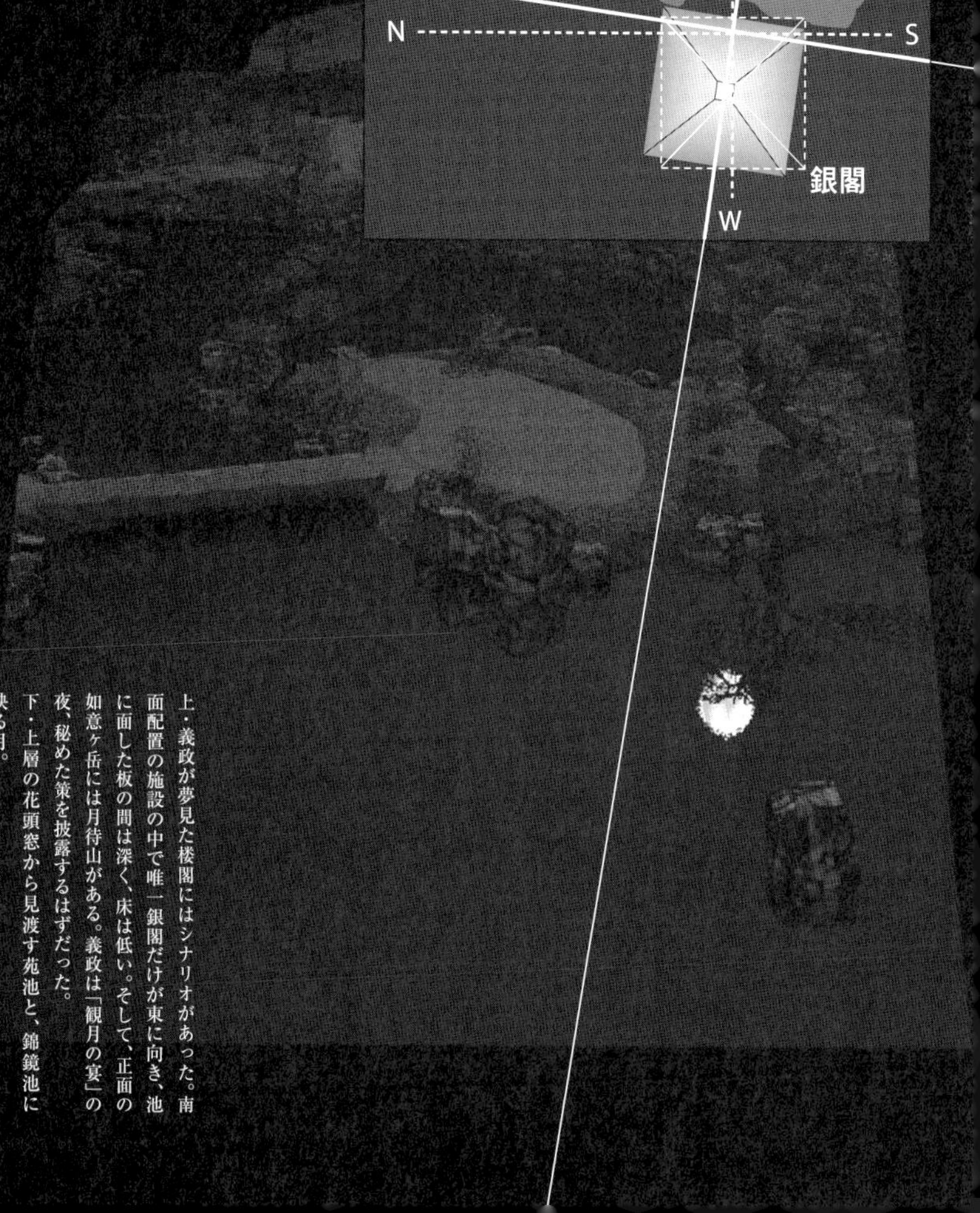

上・義政が夢見た楼閣にはシナリオがあった。南面配置の施設の中で唯一銀閣だけが東に向き、池に面した板の間は深く、床は低い。そして、正面の如意ヶ岳には月待山がある。義政は「観月の宴」の夜、秘めた策を披露するはずだった。
下・上層の花頭窓から見渡す苑池と、錦鏡池に映る月。

く縁石《えんせき》は長い。この長過ぎる縁石は下足のためでなく、縁に座るのを助けたのであろう。さらに、宝形《ほうぎょう》の屋根は一箇所、点対称を破っている。初層の屋根庇は方形を欠き取るかのように均等な庇の出と角度を微かに変える。*柿葺《こけらぶ》き特有の優美な切り込みが、能面のように見る角度によっての正面らしさを変えている。正方形に見える観音殿に施されたさりげない仕業。しかも、それらすべてが東に向けての技である。その正面には如意ヶ岳が迫り、月待山《つきまちやま》が迫る。義政は「観月の宴」*の夜、秘めた策を披露するはずだった。

そのシナリオとは、十五夜を迎える薄明かりの東山、義政と正客は銀閣下層の畳の間に坐している。来客は広縁奥深くに座り、落縁に腰を掛ける。七時半を迎える頃、正面上方の月待山から顔を覗かせた月は、足元近くの錦鏡池でも輝き揺らぐ。水面の月が水岸までを這うのは十五分ほど。水面の月と昇る月との協奏を詠い、膝元に吸い込まれるのを見計らって正客たちを伴い、おもむろに立ち上がる。天上の月が徐々に輝きを増していくが、縁側上の屋根庇に掛かるまでには時間はある。その間に澄み切った空へと昇る月を後ろに階上に昇る。

上層の潮音閣は三間四方の仏間であり、東西南の三方に窓がある。東の壁際にしつらえた腰掛けに座り障子を開ければ、*花頭窓《かとうまど》から見渡す苑池《えんち》は明るく照らされていよう。鏡のような錦鏡池が眼下に広がり、各地の銘木銘石を反転模様でも映しだす。その暮れなずむ薄明かりの中でひときわ輝きを増して目に写る

腰高障子
障子に腰板をつけ、その腰板を障子の半分ほどの高さに造ったもの。

柿葺き
檜や杉などの木材を2−3mmに削った薄板（こけら板）で屋根を葺いたもの。

観月の宴
「観月」は9世紀初め嵯峨天皇が大沢池に大陸風の龍頭鷁首船を浮かべて文化人と共に遊ばれたことが始まりだとされる。

花頭窓
上部が曲線状（火灯曲線、蓮花形）になっている窓。禅宗様の建築に用いる。

のが、池の中に輝く鮮やかな月である。仙人洲《せんにんす》から顔を出したばかりの月は、しばらくの遊覧を誘い、やがて浮石に乗る。

そして八時半を過ぎる頃、義政は正客たちを伴い階下に降り、東求堂《とうぐどう》へと招いただろう。現在よりも広大な池泉での苑遊、会所《かいしょ》や常御殿《つねごてん》などでの遊宴、東求堂での茶礼など、東山御物に目もいかぬほどの華麗な宴が堰を切る大水の如くに披露され、東山殿の隅々までを息吹が包み、主も客もなく高揚したであろう。

宴が終り静寂を取り戻した深夜、義政は一人東求堂から庭先へ降り、迎仙橋《げいせんきょう》を渡り仙人洲に歩む。仙人洲は仙人が住む蓬莱島。対岸の観音殿の菩薩に手を合わせ拝む時、屋根の上の鳳凰の空高くに月は現れ、銀閣を照らしている。うつろい揺らぐ月に映える銀閣を、水面とともに仰ぎ見る夢の世界…。

しかし、銀閣と名月が一体化する至福と驚嘆の宴は、十五夜の中秋*の夜ではなかった。これよりひと月ほど後のこの場所で、義政とわずかに角度の振れた銀閣は、十三夜*の月を、すなわち東山殿建設に託していた「未生《みしょう》の美」完成の時を待っていたのだ。

咲きみちて　花よりほかの　色もなし

中秋
陰暦の8月15日。秋の中秋の名月（十五夜）は中国での行事が日本に伝来したものであるが、平安時代初期には十三夜を観月の宴として風習化している。

十三夜
陰暦の9月13日の夜。919年の醍醐天皇の月の宴に始まるとも、宇多法皇がこの夜の月を無双と賞したのによるともいわれている。

高山寺《こうさんじ》

栂尾山高山寺《とがのおさんこうざんじ》

京都が紅葉の季節を迎える頃、日頃は閑寂な周山街道は身動きもできない渋滞を引き起こす。京都盆地の北西に位置する霊峰愛宕山《あたごやま》。その東麓に並んだ三つの小峰、高雄(尾)、槇尾、栂尾にはそれぞれの山腹に神護寺、西明寺、高山寺が建立され、平安時代より多くの高僧たちが修行に励んでいた。

かつては最澄や空海も滞在した深遠な修験の山だが、この地は「三尾」と総称され、紅葉の名所としても親しまれている。清滝川の渓流に覆い被さるように斜面を埋め尽くす楓は、風流人・足利義政*にして毎年を心待ちにさせるほどの絶景をつくりだしてきた。その最も奥深い山中に名僧明恵上人《みょうえしょうにん》*の息吹が今に残る高山寺がある。

奈良時代、光仁天皇の勅願(七七四年)によって開創されたが、鎌倉時代に明恵上人が中興開山し堂坊を復興。後鳥羽上皇の院宣によって南都・東大寺の華厳を根本とする戒密禅を兼ねた寺とした。その後は藤原氏一門によって保護されたが、室町時代の戦乱に巻き込まれ石水院《せきすいいん》を残してすべて焼失した。現在、高山寺の境域は老杉や巨松や老楓に覆われ、聖域としての気に満たされている。仏説の「山色を仏体とし、溪聲《けいせい》を法語とする」にふさわしい環境、すなわち「華厳浄土《けごんじょうど》」がここにある。

法然、親鸞、道元、日蓮らと同じ時代を生きながら、一宗を挙げず孤高の立場を貫いた人間性から繰り広げられた明恵上人の行状は常軌を逸している。自分を厳しく見つめる姿勢は徹底し戒律を守り続ける希有な高僧であったが、「仏眼仏母像《ぶつげんぶつもぞう》」（国宝）の前で自分の耳を落とすほどの激しさもあった。国宝の絵巻*『鳥獣人物戯画』をはじめ、樹上での坐禅をする姿を描いた「明恵上人樹上坐禅像」（国宝）や自身の夢の記録*『夢記《ゆめのき》』を残すなど、人間としての関心は尽きない。

明恵上人の住房と伝えられる石水院の軒先からは向山が正面に仰げ、そこに昇る月の景色には格別の風情があるという。明恵が遺した面白い歌がある。

あかあかや　あかあかあかや　あかあかや　あかあかあかや　あかあかや月

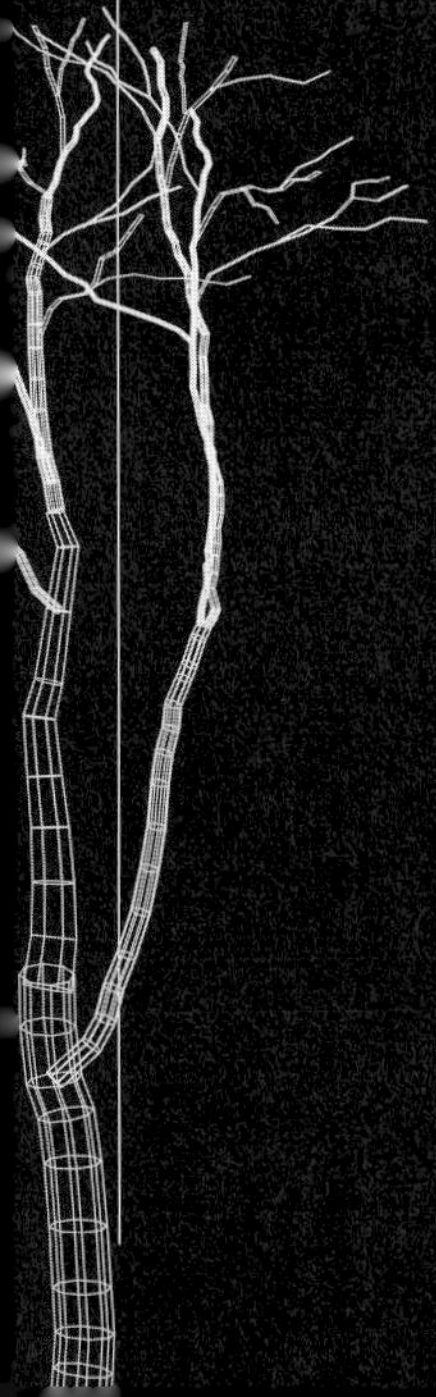

紅葉乱舞の参道

「あるべきやうわ」の自然

清滝川のほとりに沿って緩やかに続く周山街道を歩き、白雲橋を渡ると西手に枝分かれする坂道が現れる。特別な門構えもなく鬱蒼と茂る木立の中へ真っ直ぐに伸びる道が、高山寺の表参道である。坂道をしばらく歩き山懐で左に折れたところに明治の初期までは大門（仁王門）が建ち、神護寺別院としての威厳を放って出迎えていた。今は素朴な自然石が印象的な石灯籠がひっそりと両脇にたたずみ、参詣者を招いている。そして石段越しに直面するのが、洛中では見られない背の高い楓の立ち並びと、枝々が天高く差し交わす巨大なゲートである。秋には燃えるような黄赤が、春には萌えるように緑黄が、夏には木漏《こもれ》れ陽《び》に涼風が、冬には落葉の枝に清冽が迫りくる圧倒的な並木がある。歩み出れば、自然石の階段と灯籠に、老楓の背の高さに、踏石畳の大きさに、都に立ち並ぶ社寺の境内や樹々に慣れている者にとってスケールの大きい樹々に目を奪われながら境内へ誘われる道である。

明恵上人《みょうえしょうにん》の遺訓に「人は阿留辺幾夜宇和《あるべきやうわ》の七字を持つべきなり。僧は僧のあるべきようなり。乃至帝王は帝王のあるべきよう、臣下は臣下のあるべきようなり。このあるべきようを背《そむ》くゆえに一切悪しきなり」という教えがある。この参道に、都でひしめき合い洗練し競い合い磨き上げた境内のありようとは異なる風景が見えるのは、風景のあるべきようを見ていなかった現れなのか。紅葉の参道の見事《みごと》（美事）さに圧倒されながらも、都で親しむ繊細な色づきとの差異に心を乱される。違和感へ想いが向かうことは本来

足利義政

1436－1490年。足利義満の孫。8歳で将軍職に選出される。1482年から東山殿の建立を開始し、観音殿（銀閣）上棟は1489年。応仁の乱の首謀者である細川勝元と山名宗全が死亡したところで将軍職を譲り隠居した。

明恵上人

1173－1232年。鎌倉時代前期の華厳宗の僧。1206年、後鳥羽上皇から栂尾高山寺を下賜され、高山寺を中興した。

『鳥獣人物戯画』

ウサギ・カエル・猿などが擬人化されて描かれた絵巻として有名であり、日本最古の漫画ともアニメの原点とも称されている。また、高山寺には戯画と呼べるものが他にも所蔵されている。

『夢記』

高雄で修行していた頃より亡くなる2年前まで書き綴った自己の夢の記録。

への問いかけでもあろう。

明恵がいた頃の伽藍《がらん》は、金堂、阿弥陀堂、三重塔なども建ち並び、決して質素ではなかった。「あるべきやうわ」はあるがままでもあるべきようにでもない。「あるべきやうわ」は何なのか。一刻一刻、一所作一所作、自問自答することこその大事を伝えているのだろう。あるべきは形式を生み、腐敗を生むことを明恵は誰よりも知り、何よりも拒もうとしたはずである。それゆえにあるべきとありたいとの狭間《はざま》に自らと向き合い、自らを戒める必要も生じる。

日本の庭園にも絵画にも文学にも見られる「自然」は、ありのままの自然をつくることでも、あるべき自然

あるがままの自然をつくることでも、あるべき自然をつくることでも、あるべきように自然をつくることでもない。「あるべきやうわ」は何かを問える自然をつくることである。楓が色づき自然の時を感じる頃、自然の場を念う気に出会う参道がある。

をつくることでも、あるべきように自然をつくることでもない。「あるべきやうわ」は何かを問える自然をつくることである。明恵は政治的怪僧であった神護寺*の文覚《もんがく》*の弟子である。法然*の浄土宗への批判書や、栄西*からの後継依頼の拒絶など、明恵が著しく清貧と孤独に身を置いたのも狂気のごとくの対極を同価として継いだ証であろう。

　ここの楓は創建当初のものではないだろう。しかし、今に残る石積みに痕跡はある。山手の石垣上から伸び上がる楓はランダムに覆い被さり、右手の石積塀前の楓は力強く整然と受け応えている。山間から渓谷への急な土手に築かれた参道は焦点をずらしながらも自然の流れを受け止め、手を入れようとした自然が見えている。明恵は、日本の文化がカタチになる頃、その方針を指し示した孤高の人物を目指したのであろう。
仁王像があった場所で、楓の大樹に包まれて、我々はあるべきように生きるのではなく「あるべきやうわ」を問いつつ生きることを求めた明恵の姿勢の現れに圧倒されているのかもしれない。

神護寺
平安京遷都に尽力した和気清麻呂の墓をおく和気氏の私寺を、空海が住持して真言密教を広める拠点とするなど、平安時代の新仏教への貢献も朝廷への影響も大きかった。

文覚
1139－1203年。俗名は、遠藤盛遠。従兄弟の妻に横恋慕し、誤って殺したことから出家し神護寺に入るが、その荒廃ぶりを嘆き再興を後白河法皇に強訴したため伊豆に流される。そこで源頼朝に平家打倒を扇動し、やがて寺院を修復。頼朝没後、2度目の流罪中に佐渡で客死する。激しい所業を繰り返す怪僧の弟子には上覚、上覚の甥・明恵がいる。

法然
1133－1212年。浄土宗の開祖。弟子に浄土真宗の開祖・親鸞がいる。

栄西
1141－1215年。日本臨済宗の開祖。建仁寺の開山。喫茶の習慣を日本に伝えた。高山寺には日本最古の茶園があるが、それは建仁寺にいた栄西が宋より帰国した際、明恵に茶の実を贈ったことに由来する。明恵がここで栽培した茶葉は宇治や駿河へ移植されているので、栂尾が茶の発祥地とされる。

木彫りの狗児《くじ》に

かわいいものに見た夢

大陸文化に「かわいい」はない。ギリシャにおいて理論化された美とは調和と均衡であり、調和が秩序を生むものとされている。万物にある比例を重んじ、調和と均衡をつくる事へ向け、創造は続けられている。仮に曲り伸ばされるマニエリズムの時代や中心をずらしていくバロックの時代であっても、美の体系が変わる事はない。平安時代より日本はまったく異なる愛着の概念を創造している。文学では、均衡が壊れ調和を乱すところに儚《はかな》さやうつろいという、それまでにはない新しい美意識を強烈に明示していく清少納言や紫式部が宮中に現れ、生活のすべてで国風《こくふう》*文化が共有されていった。苦悩の時間が長いほど都人に一度確立したものは壊れにくく、継承と発展を続けていくのは必然であろう。それが如何に偏《かたよ》ったり歪《いびつ》になろうとも広く拡散され膨張

小さいものは、確かにかわいい。しかし、かわいいものには無邪気さと、それ故の強暴さがあることも忘れてはならない。未熟さや不安定さは生へのエネルギーが込められているもの。成熟し制度化された精力と、未完成で方向付けられない暴力とは比べるものではなかろう。制度を意識し、あるべき世界を考える明恵にとって、唯一の友は木彫りの狗児だけだったのかもしれない。

されていくのである。

明恵上人《みようえしようにん》が山中で瞑想にふけり坐禅をする姿を描いた「明恵上人樹上坐禅像」にも見られるように、明恵は自然とともに小鳥やリスなどの小さなものとも親しかった。ほかにも、掌で愛玩されるにふさわしいほどの小さな小石（鷹島《たかしま》石と蘇婆《そば》石）や＊「木彫りの狗児《くじ》」は有名だが、いつも明恵の傍らには小さきものが数多く集まっていた。小さきものは弱いもの、かわいいものは儚きもの…。愛玩好みは両親を早くに亡くした愛情の裏返しではない。

平安王朝に開花した日本文化には、小さきものに圧縮された力の延長を見る感性を芸術に仕立てていった経緯がある。言《こと》の葉《は》にも、器にも、小さいカタチに世界を込める技《わざ》と世界を読み取る術《すべ》を身につけていったのである。これはやがて大きくなって＊枯山水《かれさんすい》や＊草庵《そうあん》茶室にも発展するが、神々への供物や人形など、縮小細工は著しく発達していく。やまと絵などにも現れるが、細部の誇張や意図的不均衡などを描くことは小さなものを描く時の必然であり、その視線をひとたび持つと常に小さいものへの関心がつきまとうことにもなる。

明恵は十九歳から五十八歳までの間にみた膨大な夢の記録『夢記《ゆめのき》』を残している。小さく未完のものには空想がつきまとう。ミニチュア化と比喩化が成熟し始めた頃の空想は文化でもあろう。こどもも含め成熟していないものを愛でる価値は、国風文化の一翼を明らかに担っている。しかし、同時に未完成をここまで愛せる文

国風文化
遣唐使の廃止により前代の唐風からの脱却をはかり、日本人の生活や風土に根づいた文化を形成していった。行事や服飾面にも現れ、貴族の住居は障子や屏風で間仕切られる寝殿造になり、やまと絵が飾られ、男子は衣冠束帯に女子は十二単衣などになる。特に、平仮名は文学などの世界を飛躍的に発展させた。

小石
明恵の故郷の紀州の湯浅沖に浮かぶ小島・鷹島で過ごした時に浜辺で拾った3cmと5cmほどの石。釈迦を恋慕し天竺へ渡りたかった明恵は、彼方の釈迦遺跡を洗ったかもしれない蘇婆河の水に通じる海水に染まる石を形見とした。盆石などの鑑賞用ではなく、想いを託せる愛玩であった。

枯山水
「池もなく鑓水もなきところに石をたつる事あり。これを枯山水となづく」と『作庭記』の「枯山水事」に記載されている。定義だけから判断すると、風景を描く必要はない。

草庵茶室
桃山時代に利休が完成させたとされている。書院造風の開放的な茶室に対し、動作や出入口や開口部などの構成要素を少なくし、自然のままの素朴な材料で造った茶室。京都には二畳隅炉の国宝「待庵」がある。

化は他の国にはない。その要因は、切り詰める一概念への純度が対極への高純度をさらに要求する無限ループの厳しさにある。両極の間にある時と立場を束の間ととらえ、その余白に心の平安を求め、その時だけの歌を詠み、遊ぶことを表向きの文化とした時代、玩具を求めたのは何も女人だけとは限らない。

小さきものは、確かにかわいい。しかし、小さきものがミニチュアとは限らない。かわいいものは無邪気であり、それ故に強暴であることも忘れてはならない。未熟さとは不安定でありながらも成長へのエネルギーが込められているもの。成熟し制度化された精緻な力と、未完成で方向付けられない乱暴な力は比べるものではなかろう。しかし、制度を意識し、あるべき世界を考える明恵にとって、唯一の友はどう化けるか分からない「木*

彫りの狗児」だけだったのかもしれない。明恵が、仏師湛慶《たんけい》*に仁王門に据える仁王像とともに狗児を彫らせたのは、妥協を許さぬためであろう。そして傍らの狗児に仁王を見るためであろう。

当時、体制化された社会が認めないものの数々が、人も者も明恵の元へは集まってきた。やがて高山寺には明恵の意を汲み『鳥獣人物戯画』絵巻までもがやってくる。小さくかわいいカエルやウサギで、夢想でしか読み取れないシーンばかりが描かれている。しかし、そのシーンを点々と埋めているのは秋草なのである。小さくかわいい生き物と枯れ行く秋草は、同根のもの。かわいいものにのみ夢想はつきまとう。

木彫りの狗児
作者は、快慶作とも運慶作とも伝わるが、明恵に帰依した藤原一門は、奈良の興福寺に準じる氏寺として高山寺の再興に尽力したので、興福寺に所属する慶派（頭領の運慶をはじめ、快慶、定慶、湛慶たち）が造仏したことには間違いない。しかし、主要な仏像は当時絶大な地位にあった運慶や快慶らが担う中で、工房のある奈良から遠く離れた高山寺で明恵と同い年の湛慶は朝廷に対する考えも含め気心が知れる間柄になり、友として仏師としては異例な玩具を密かに手渡したのではないかと推察した。文献上、快慶最後の作は、高山寺十三重塔（1236年）の中尊像である。湛慶作とされる31cmほどの善妙神像（1225年）や仁王門（1229年）建立時、すでに運慶（-1223年）は没している。

湛慶
1173－1256年。運慶の長男。父なきあとは七条仏所を主宰し活躍する。運慶の豪快さではなく、洗練された温和な作風である。

鳳凰堂《ほうおうどう》

朝日山平等院《あさひざんびょうどういん》

宇治は、奈良と京都を結ぶ交通の要衝として早くから開けた地である。三方を山々に囲まれ、水量も豊かに琵琶湖から流れこむ宇治川は、霧に霞む素晴しい景観をつくり出す。また、それゆえに争乱の舞台とも文学の舞台ともなりながら、際立って重要な役割を果たしてきた。特に、平安遷都以降の貴族の時代においては、その風情と都人が求める優美な生活感情は一致し、多くの別荘が築造されていった。その一つに光源氏のモデルともされる*源融《みなもとのとおる》の別荘・宇治院もできる。やがて藤原道長《ふじわらのみちなが》の手に渡り宇治殿となり、さらに道長の嫡男・*頼通《よりみち》によって寺に改められ、平等院ができる。

平安文化のなかでも藤原道長を頂点とする二百年を藤原時代というが、この時代は王朝文化が咲き誇る貴族の時代でもあった。遣唐使を停止し、大陸からの情報を閉ざし、風土に適応した*国風《こくふう》文化を創成していく極めて重要な時期である。平仮名文字が生まれ、日本固有の美意識といわれるもののあわれの名作『源氏物語』の「宇治十帖」も生み出される。平安文化は、生活・文化・芸術のあらゆる面において爛熟し、その*和様化も急速に進展していくが、その集大成は宇治の地で見ることになる。

文化の円熟を測る物差しに建築がある。この時代は、貴族の邸宅として完成した寝殿造様式である。寝殿を中心に背後には北対、東西には渡廊《わたろう》でつないだ対屋《たいのや》を配し、南庭に池を設ける。また、池には中島に渡る反《そ》り橋《ばし》を架け、滝や泉や*遣水《やりみず》などの豊富な仕掛けや四季折々の草木で目を楽しませ、詩歌管弦、船遊びで過ごす。この栄華に酔う暮らしにも浄土思想が浸透し、やがて王朝貴族の生活観にも恐れが忍び寄る。

寝殿造での日常生活の延長に浄土への夢を託した姿が、平等院鳳凰堂である。今日においても浄土信仰の姿を目の当たりに伝える壮大華麗な鳳凰堂は、建築、彫刻、絵画、工芸に当代の粋を極め、すべてが国宝となっている。洛中では望めない平安朝の香りと藤原文化の栄華を今に偲ばせる唯一の遺構である。

遊宴と清浄の結界

極楽浄土の清流

「厭離穢土《おんりえど》、欣求浄土《ごんぐじょうど》」。現世は苦悩に満ちた仮の世であり、死後は西方の彼方にある阿弥陀如来が見守る極楽浄土へ安らかに往生したい。その望みを背景に、世が末法*の時代に入る初年、平等院は建立される。疫病や飢饉、相次ぐ戦乱や内裏の焼失など、仏の教えがすたれ闇の時代が来たことを都人は恐れ、阿弥陀如来の住む極楽浄土への往生を切実に願った。

しかし、政権の争奪や僧兵の暴挙などに巻き込まれる都人と栄華の頂点にいつづける藤原一門の阿弥陀信仰・浄土観が同じであろうか。ましてや藤原頼通の父・道長は今日にまで語り継がれる壮大な伽藍の法成寺《ほうじょうじ》*を平安京に面して築造している。道長は現世に対する絶望の上に浄土を求めたのではない。現世の栄華そのものの延長上の極楽往生を願い、贅を尽くした阿弥陀堂を建立したのである。厭離穢土ではなかった。その阿弥陀堂に横たわり、九体の阿弥陀如来像の手に結んだ糸を握り、道長が黄泉《よみ》の国へと旅立ってから二十五年後、頼通は父が没した六十二歳を迎える年に鳳凰堂を完成させる。期せずして極楽往生を願わざるを得ない歳に直面していたのであった。

寺院の正面は南に向いているものが多い。法隆寺、四天王寺、東大寺などはすべてが南向きである。王も釈迦も変わりなく権威と崇拝は、太陽の光を正面に受けて鎮座し、拝する者は南からの眺めとなる。しかし、阿弥陀は西方浄土にいる。

源融
822－895年。平安初期の公卿。嵯峨天皇の皇子であるが，臣籍に下り源姓を賜わった。嵯峨源氏融流初代。

藤原道長
966－1027年。平安時代中期の公卿。晩年は壮大な法成寺を造営する。

藤原頼通
992－1074年。藤原道長の長男。半世紀にわたり摂関の座にあった。

国風文化
遣唐使の廃止により前代の唐風からの脱却をはかり、日本人の生活や風土に根づいた文化を形成していった。行事や服装面にもあらわれ、貴族の住居は障子や屏風で間仕切られる寝殿造になり、やまと絵が飾られ、男子は衣冠束帯に女子は十二単衣などになる。特に、平仮名は文学などの世界を飛躍的に発展させた。

和様化
国風にすること。文化史的区分での国風文化は、平安中期以降に登場した和風・和様の文化をさす。

末法の時代
末法思想では、釈迦入滅後の時期を正、像、末の三時に分け、末法の時代には教えのみが空しくあり、真理は失われ人心は悪化し、天災地変は相次ぎ社会は混乱する。末法到来は、1052年とされていた。鳳凰堂は、1053年の建立。

法成寺
藤原道長が建立した寺。九体阿弥陀堂をはじめとする摂関期最大級の大伽藍寺院を建立する。1058年悉く焼失したが，息子頼通は直ちに再建に着手，孫師実（1042－1101）に引き継がれたが、以後もたびたび災難に遭遇し、鎌倉末期に廃絶した。京都市上京区荒神口通寺町あたり。

宇治川は、都で唯一南下しない川である。深い山間から清水を運び、北西へと流れ広がる裾野の、南方からの光を遮れる唯一の場所に阿弥陀堂は建てられている。宇治殿と称していた邸宅は、わずかに北西に開かれた川沿いに建っており、光を受け船遊びにも最適であったであろう。しかし、頼通は別荘の宇治殿を寺院にするために、まずは自らの寝殿を本堂に改修していったであろうが、最も力を注いだのは翌年に建立する阿弥陀堂であったことに間違いない。朱漆に塗られた鳳凰堂の建築、荘厳な堂内には定朝《じょうちょう》作の阿弥陀如来坐像、五十二体もの雲中供養菩薩像、荘厳な極彩色の絵模様など、経典や絵画での教えを拠りどころに構想した世界は、まさにこの世に現れた極楽浄土であっただろう。そしてなにより伽藍《がらん》配置を超え、宇治川を配した自然の環境そ都から離れ、別荘が多く建ち並ぶ風光明媚な宇治の地に理想的な浄土観を具現化しようとする壮大な構想に頼通の人柄を偲ぶことができる。隠遁者が住む自然の地に惹かれたのか、それとも都に架かる橋のためか。厭離穢土に相応しく、極楽浄土を描ける地であった。

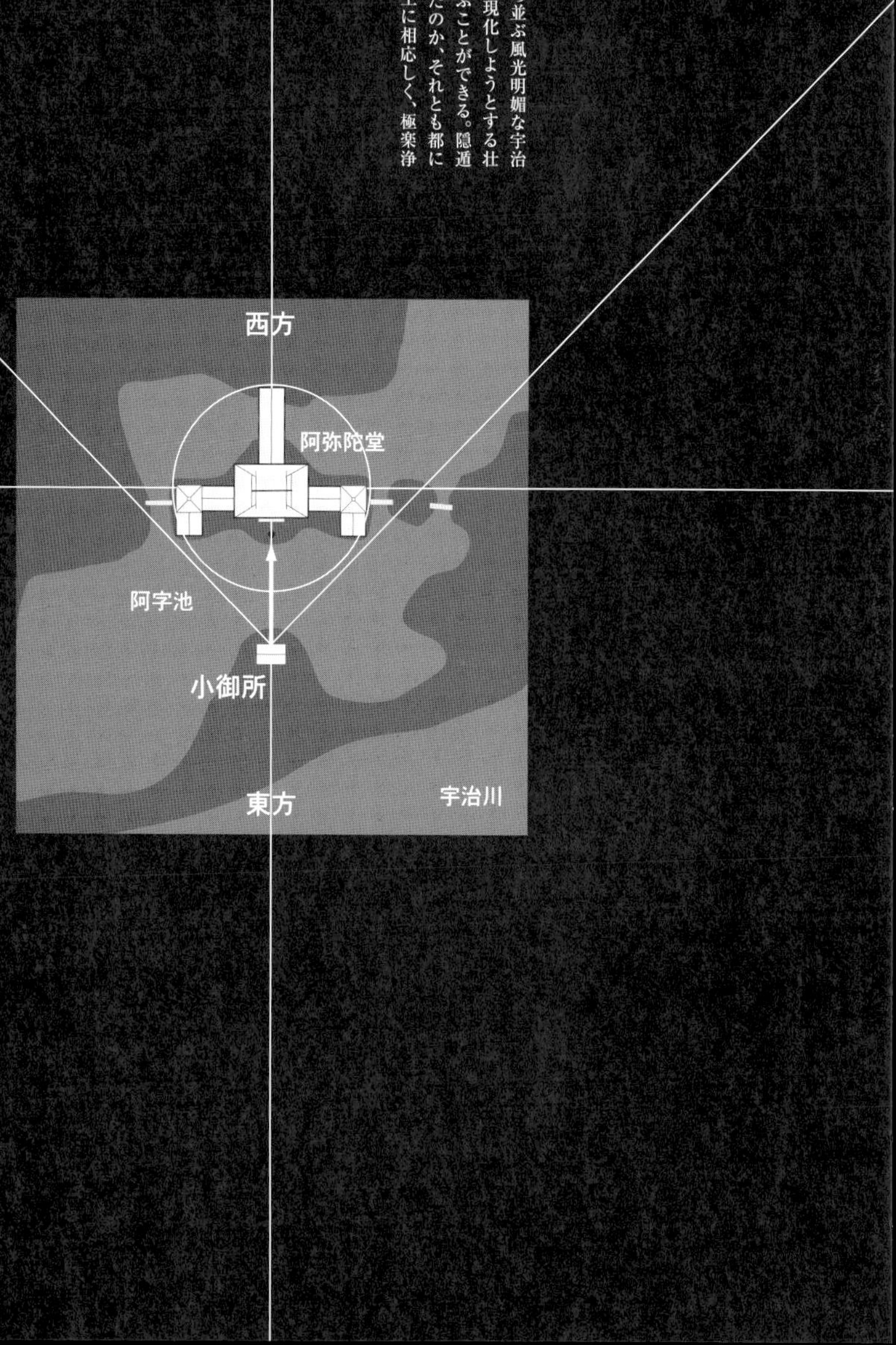

のものを浄土世界へと描くことを夢見ていたのではないか。平等院建立時、鳳凰堂の前面は水量豊かな宇治川であり、その対岸には緑豊かな山並みがあった。

彼岸《ひがん》の中日、朝陽はその山間から昇り、建物近くまで流れていた宇治川と阿字池《あじいけ》は、東向きの列柱を浮かせるほどに照り輝き、洲浜の白玉石からの反射光も差し込む堂内は螺鈿《らでん》が輝く台座を照らし、黄金の阿弥陀如来坐像に輝く大光背《だいこうはい》と二重天蓋《てんがい》によって一層浮かび上がらせていたはずである。そして夕刻、夕陽は伽藍の真後ろ上方から大屋根の両端で向き合う鳳凰を照らし、朱塗りの透廊《すきろう》*は翼を広げ、西方浄土から舞い降りたかのような姿を現したであろう。さらに日没、西方へ飛び立つ鳳凰のシルエットを浮かび上がらせ、見る人を無限の幻想的世界へと導いたであろう。

頼通は鳳凰堂の対岸に小御所を設け阿弥陀堂を正面から礼拝したとされる。しかし、宇治に建てた理由を考える時、『*作庭記《さくていき》』を記した頼通の息子*の技量を考える時、鳳凰堂の構想は想像以上に壮大であったように思えてくる。宇治川を越えた東岸から望める遊興の苑池《えんち》を平安京と陸続きの穢土に見立て、浄土の世界を崇《あが》め見る都とを分かちたかったのではないだろうか。*此岸《しがん》と彼岸との結界には宇治川の豊潤な水は最適である。阿弥陀如来の尊顔が鳳凰堂正面に嵌め込まれた円窓から遠く浮かぶ場をどれほどの人が求めたであろう。鳳凰堂は、宇治の自然の中にあってこその世界であり、浄土であった。

透廊
壁などがなく、吹き抜けた廊下。

『作庭記』
平安中期に作成された日本最古の造庭秘伝書。

頼通の息子
古くは『前栽秘抄』と呼ばれていた日本における庭づくりの思想と技術を理論的に説明した『作庭記』の作者とされる橘俊綱。実父・藤原頼通の正妻と異母兄藤原通房への配慮から養子に出された。

此岸と彼岸
生死と迷いを繰り返すこの世界と理想の悟りの世界。

人を入れない宮殿

風景に描いた絵画世界

浄土の建物・宝楼閣を模したとされる鳳凰堂は、幅四十一・五メートル、奥行き三十一・八メートル、高さ十三・六メートル。決して大きくはない建物であるが、壮大華麗に迫るのは、人のものではないからだ。また、この建物は鳳凰のようであるともいわれるが、一つの建物ではない。北に尾廊《びろう》が伸びる阿弥陀堂の中堂と両脇に伸びる翼廊《よくろう》二棟の三つの建物で構成されている。連結はしていないが、造形的には均整もとれ流れもあるので一体のものとして違和感なく眺められ、気持ちの求心化を妨げることはない。唯一真中で堅牢な基壇の上に建つ中堂は大きく、二階建のように見えて一階建である。それに比べて両翼廊は柱だけの列柱のように見えて二階建となっており、左右両端の隅楼《すみろう》は三階建である。当初、翼廊の列柱の足元には貫《ぬき》が通っていな

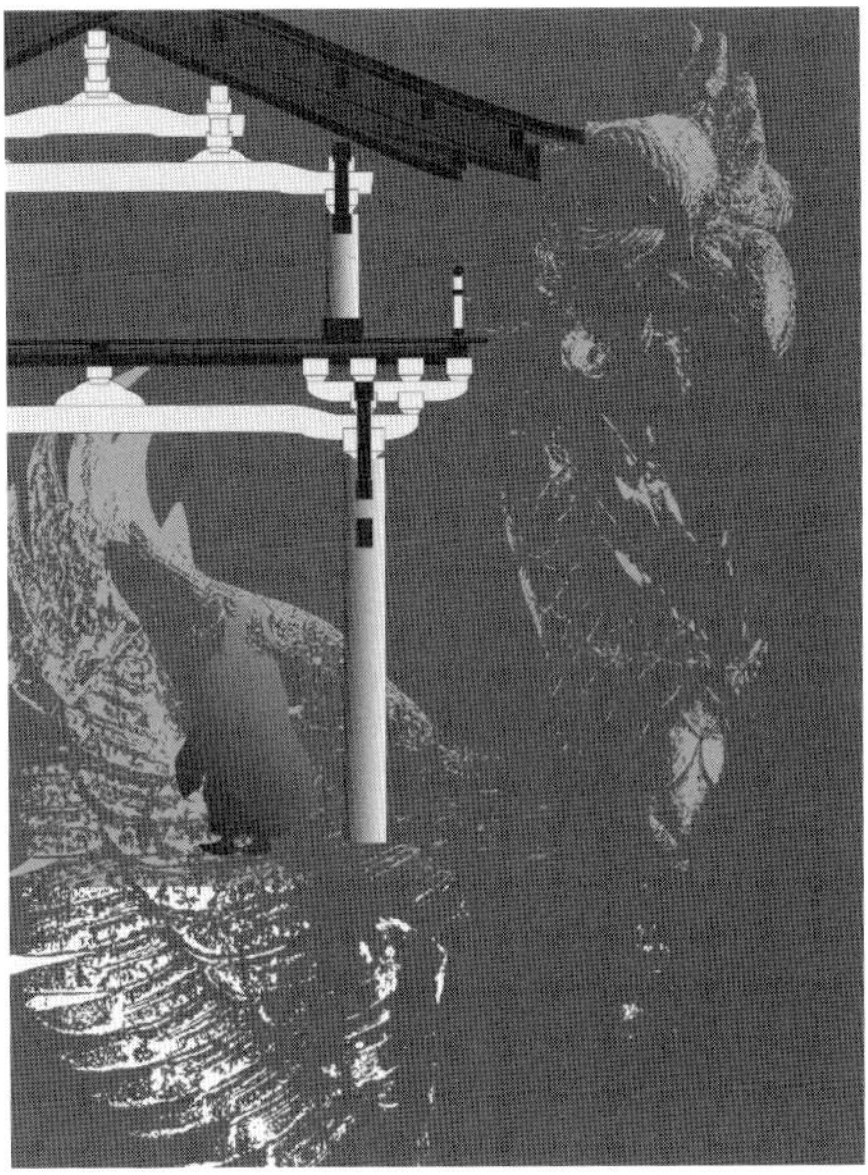

階段のない透廊の二階に高欄が覗き、その奥の列柱は低く、一メートルにも満たない。その柱を一階の位置より少し内側に建てる妙。軒の出の深さと共に遠近感は誇張され、長い陰影は一階の透廊と白壁を際立たせ、躍動感を与えている。そこに、飛翔感を与えるのが屋根の協奏だ。中堂の裳階は微妙な反りで壁を打ち消し、和様の三手先斗肘木は大屋根を支えている。浄土の宮は、風景に描いた絵画の如くに背景を透き、水面に浮く。

かったので、まさしく寝殿造での透廊《すきろう》のように軽快な映りであったと思える。

この構成は、浄土変相図*に倣っているようで類例はない。ほとんどは林立する建物群の中央に大きな宮殿を配し、平屋の渡り廊下で両翼の楼閣を結ぶプランである。鳳凰堂は翼廊を含め三翼を持つ一体の造りとなっており、さらには自然の景になじんでいる。

管弦や船遊びに興じるこの時代、寝殿での遊戯に歌合、絵合、花合など多数の「物合《ものあわせ》」が生まれ、そこでの詩歌には高度な「見立て」が詠まれていた。この苑池《えんち》で見える鳳凰堂での異なるものの合わせ、揃え、見立ての妙技は、披露したという側面もあるであろうが、浄土信仰や建築空間までもが国風生活の中に浸透していた現れであろう。

この建物は、鳳凰のように見えるといわれるが、それは屋根にある。日本建築は屋根に特徴があることは周知であるが、この軒の出は飛び切り深く覆い被さっている。幾重もの屋根は協奏しあい、あたかも鳥が羽ばたく翼のように見えてくる。中堂の裳階《もこし》*は微妙な反りで壁の大きさを打ち消し、和様の三手先斗肘木《みてさきますひじき》*は限界に挑んだであろう大屋根を力強く支え、張り出している。

両翼の透廊も深い屋根の影に覆われ、二階の存在は希薄になる。しかも、この二階の列柱は低く一メートルにも満たないが、一階の柱心より内側に引いたところに柱を設けて屋根を支えている。遠近感を強調する手

浄土変相図
経典に説く阿弥陀如来の西方極楽浄土のイメージを具体的に表現した絵。日本では浄土曼荼羅と称する。

裳階
軒の下に一段低く巡らした庇状の屋根。

三手先斗肘木
屋根を前に送り出すために、柱上に三組の斗（ます）と肘木（ひじき）を載せたもの。

法でもあり、実寸感覚よりも大きな翼廊にも見えるであろうが、奥まった柱と深くなった影によって柱は視覚から消え、覗くのは階段のない二階の高欄*のみとなる。長く深い陰影は両翼の透廊の白壁と高欄を際立たせ、水平方向への躍動感を与えている。しかし、飛翔というような軽快感は持てない。阿弥陀如来坐像が鎮座する須弥壇を中心に東西南北の軸線を走らせると、両翼廊は中心線を際に前方へ迫り出している。交差する中心点、すなわち阿弥陀如来坐像から伸びる長さは、尾廊も翼廊も同じである。両手を広げた長さと身長が同じであるという人体比例図*を超越するプロポーション美学と構成法が、列柱の平面配置や大屋根の断面構成に次々と現れてくる。

この鳳凰は、天へと飛翔するのではなく、胴内（中堂内）に包み込む五十二体の雲中供養菩薩像が気持ちよく天衣をなびかせ飛来できるように優しくも力強く包み込み、水辺に舞い降りて来た瞬間なのである。翼の懐から楽人が奏でる音色を響かせながら。

高欄
宮殿や社寺などにある手すり。端が反り曲がっているのが特徴。

人体比例図
イタリア・ルネッサンス期においてレオナルド・ダ・ヴィンチらの芸術家は人体比例図を用いて、人の体は両手両足を伸ばすと臍を中心にした円に内接することなどを説明し、均整のとれた絵画や建物を創造している。

あとがき

京都を語れば芸術論になり、空間を読めば人生論が見え、創作を惟《おも》えば時々の夢が現れてくる。二つとない世界をつくる時、人の脳裏に相対するものはありません。同じ価値軸での洗練は、対極であろうとも序列にすぎず、相対性は存在の装飾にはなっても生成の源泉にはならないのです。京都がその存在を許すのは、新たな概念が至極を証明するだけの絶対空間で現れた時だけです。

この度、八つの社寺空間を読み解いていく中で、造形に隠された根茎《リゾーム》的テキストの濃密さに驚きました。多くの人が巧妙に地中深くで結びつき、芽で突き出す時を見計らっているのです。奇跡的に遺る夢の址は、強者たちも火を放てぬほどの時代と人の証《あかし》だったのです。

生き残ることが夢であった時代、野望の大きさと作為の巧妙さにおいて至極のものしか永続を許されない脅迫を、新たな空間で孵《かえ》せた者のみが標した痕跡の集積、それが京都でした。京都を代表する社寺は、生存への夢を託す絶対のかたちだったのです。

空間を語る書籍は、説明的な読み物とせず、言葉や絵図の雰囲気、または時空間を超えた関係に志向が遊べるようになればと願っておりました。この書は、造る立場からの造形推理・解説書です。この書を開き、テキストや画像や音訓を廻遊しながら、時には一所に座視しながら、時には少し後戻りしながら、幾重にも織りなす「わ」のループと不二の巧みに想いを巡らせていただけましたでしょうか。

この願いを短期間の内に見えるかたちへと導いていただいた淡交社の奥村寿子さん、そして想いを姿にしていただいたブックデザインの佐々木まなびさんには大変お世話になりました。また、CG制作などはかつて京都嵯峨芸術大学に在籍していた学生たちの情熱なくしてはできていません。さらに、日本芸術論を永年語り合う華道家・吉田泰巳氏には入口に花『留』を添えていただきました。人との出会いに恵まれ、嵯峨野で長閑な日々を過ごしている浅学な私をここまで導いてくださった皆様方に、この場を借りて心よりの御礼を申し上げます。

平成二十一年新涼

嵯峨野・有響館にて　大森正夫

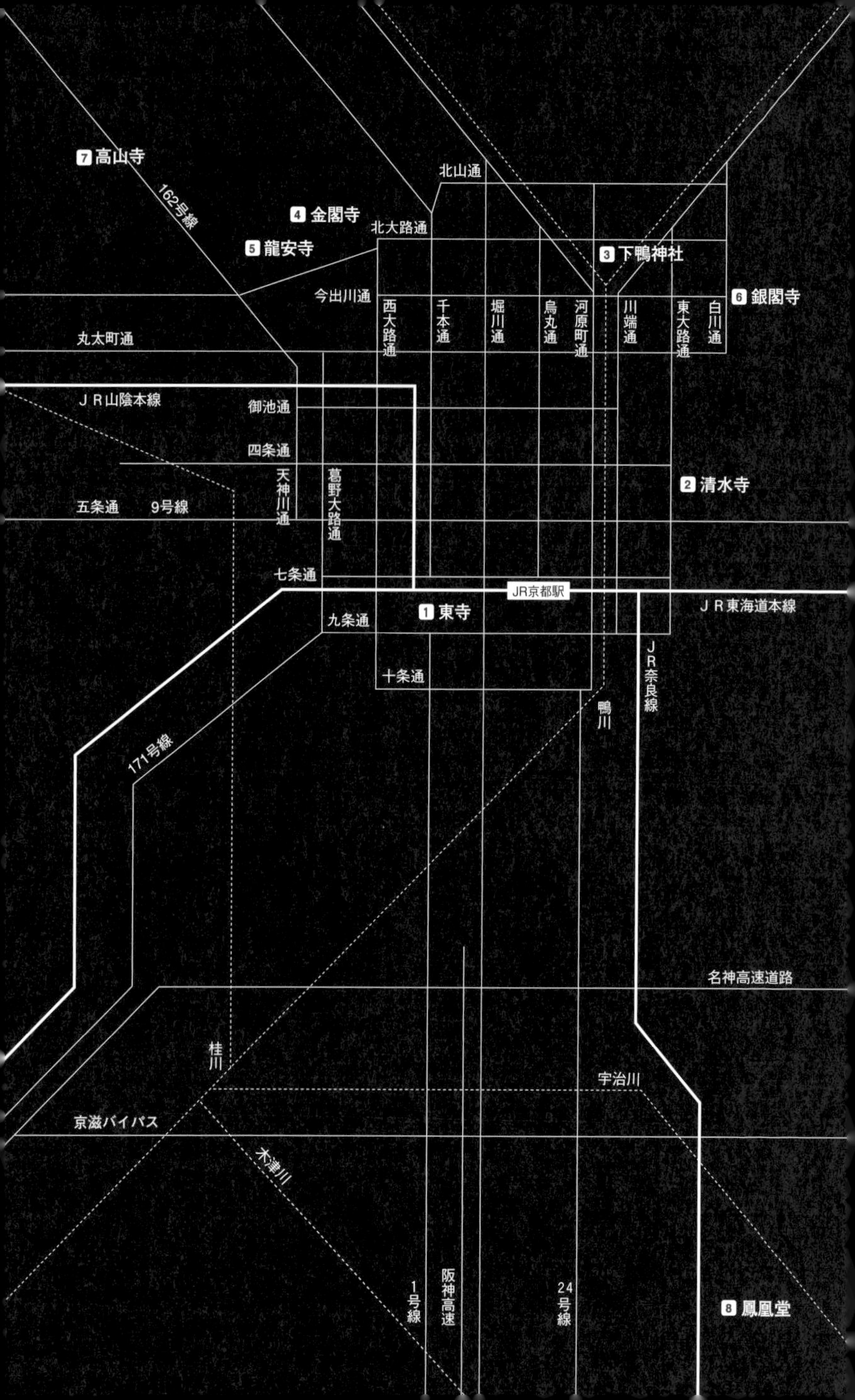

7 高山寺
162号線
北山通
4 金閣寺
北大路通
5 龍安寺
3 下鴨神社
今出川通
6 銀閣寺
西大路通
千本通
堀川通
烏丸通
河原町通
川端通
東大路通
白川通
丸太町通
JR山陰本線
御池通
四条通
2 清水寺
天神川通
葛野大路通
五条通
9号線
七条通
JR京都駅
1 東寺
JR東海道本線
九条通
十条通
JR奈良線
鴨川
171号線
名神高速道路
桂川
宇治川
京滋バイパス
木津川
1号線
阪神高速
24号線
8 鳳凰堂

夢のあとをたずねる法

掲載の情報は2009年8月現在のものです。

1 東寺　教王護国寺 …12p

京都市南区九条町1　075-691-3325
・境内自由参拝　5時～17時30分（3/20～9/19）　5時～16時30分（9/20～3/19）
・金堂、講堂拝観（大人500円）
8時30分～17時30分（3/20～9/19）　8時30分～16時30分（9/20～3/19）
・五重塔内陣（大人800円）　8時30分～16時30分（1/1～1/5）

2 清水寺　音羽山清水寺 …26p

京都市東山区清水1-294　075-551-1234
・境内自由参拝　拝観時間　6時～18時　＊行事のある場合は時間変更あり
拝観料　本堂舞台　大人300円

3 下鴨神社　賀茂御祖神社 …40p

京都市左京区下鴨泉川町59　075-781-0010
開閉門時間　6時30分～17時30分

4 金閣寺　北山鹿苑寺 …54p

京都市北区金閣寺町1　075-461-0013
拝観時間　9時～17時
拝観料　大人400円

5 龍安寺　大雲山龍安寺 …68p

京都市右京区龍安寺御陵下町13　075-463-2216
拝観時間　8時～17時（3/1～11/30）　8時30分～16時30分（12/1～2/末）
拝観料　大人500円

6 銀閣寺　東山慈照寺 …82p

京都市左京区銀閣寺町2　075-771-5725
拝観時間　8時30分～17時
拝観料　大人500円
＊東求堂・方丈（本堂）・弄清亭・書院の拝観は事前予約要　＊春と秋に東求堂・方丈（本堂）等の特別公開あり

7 高山寺　栂尾山高山寺 …96p

京都市右京区梅ケ畑栂尾町8　075-861-4204
拝観時間　境内　8時30分～17時　石水院　9時～17時
拝観料　石水院　600円　＊紅葉時期のみ別途入山料400円

8 鳳凰堂　朝日山平等院 …110p

京都府宇治市宇治蓮華116　0774-21-2861
拝観時間　庭園　8時30分～17時30分（受付17時15分終了）
ミュージアム鳳翔館　9時～17時（受付16時45分終了）
鳳凰堂　9時10分～16時10分　9時30分より拝観開始、以後20分毎に1回50名ずつ
拝観料　入園＋鳳翔館　大人600円　鳳凰堂　300円

大森　正夫（おおもり　まさお）

一九五七年生まれ。京都大学大学院工学研究科博士後期課程（建築意匠学）修了。（株）環境・建築研究所にて多くの公共施設設計に携わった後、独立。現在、京都嵯峨芸術大学大学院教授（芸術学）、環境芸術学会理事、福井工業大学建築学科非常勤講師、大森アーキテクツオフィス主宰。専門は、建築設計、芸術哲学、メディアデザイン。京都の古社寺・祭礼空間の研究。日本の多元的芸術文化を発信する国際芸術祭・神戸ビエンナーレの企画・運営。著書に、『仕組まれた意匠－京都空間の研究－』（鹿島出版会）。

京都の空間遺産

―社寺に隠された野望のかたち、夢のあと―

平成二十一年十月十六日　初版発行

著者　大森正夫
発行者　納屋嘉人
発行所　株式会社　淡交社
本社　京都市北区堀川通鞍馬口上ル
営業　〇七五－四三二－五一五一
編集　〇七五－四三二－五一六一
支社　東京都新宿区市谷柳町三九－一
営業　〇三－五二六九－七九四一
編集　〇三－五二六九－一六九一
http://www.tankosha.co.jp

印刷・製本　図書印刷株式会社

ISBN978-4-473-03604-9